引导式提问

〔日〕上阪彻 著

熊 韵 译

引き出す力

四川文艺出版社

只 为 优 质 阅 读

前　言

"倾听能力"与"引导能力"完全不同

"你是怎么从那人嘴里问出那种话的？"

不时有同行这样问我。我的工作是采访和撰稿。

很多人都以为，写文章需要优秀的写作能力，鲜有人知的是，"倾听能力"更加重要。

究其原因，如果问不出好的答案，就写不出好的稿子。从事这份工作，即使文学水平再高，也不能擅自捏造别人的话。所以，采访时问出的内容至关重要。

究竟能问到什么程度，想必也是读者最关心的问题。

"沟通能力"一词广为人知，各行各业的人都需要磨炼说话、提问的技巧。有出版界人士建议我把工作中习得的"引导能力"总结出来，助大家一臂之力，于是就有了这本书。

做销售的人难以让顾客敞开心扉；负责市场调查的人难以在消费者采访中获得有价值的信息；从事管理的人很难了解下属的真实想法……

想"听到"对方的答案，只需要提出问题。但提问并不一定能"引出答案"。

如果销售人员能更进一步引导出顾客的信息，就能发现顾客真正的需求和有待解决的问题，就能向公司交出更精准的提案。

如果市场调研人员能在初次见面就迅速获得消费者的信赖，从他们口中问出各种感想，一定能推动新商品的开发。

如果上司能让紧闭心扉的下属吐露真实想法，也能促进上下级关系，让管理工作更加顺利。

简单提问解决不了的问题，有了"引导能力"就能完成。

学会"引导式提问"，沟通能力就能实现质的飞跃！

在以说话为职业的领域，"说话之道""表达能力"往往很受重视。当然，这都是重要的技能。

但再怎么懂得"说话之道"，"表达能力"再好，如果用错了地方，只会导致双方沟通偏离重点。

那么，如何才能用对技巧呢？这就需要"引导的能力"。

怎样才能深入核心，掏出对方脑中的有用信息，问出对方心底的真实想法，了解对方的兴趣与需求，并且正确掌握对方的好恶呢？

只要学会"引导式提问"，你的沟通能力就能实现质的飞跃。

那么，先让我们就"询问"与"引导"的重点，看看二者间有何区别。

这样，就能理解"引导能力"在现代人的沟通中有多重要。

不过，要问出对方的心里话确实不易。

难点在于，要根据具体情况，采取不同程度的引导方式，从"稍加引导"过渡到"深入引导"。

再怎么努力，也可能出现"问不出太多内容""对话无法深入"的情况。

世上虽然也存在"问1答10"的人，但更多人都是问"1"答"1"。甚至还有人问"1"只答"0.5"。

对方掌握的信息量明明有"10"那么多，我们却只能问出"0.5"，实在可惜。若是如此，就无法了解对方真正的需求与想法，也听不到真心话。

询 问

信息输入
方处于被动
←

||||| 多是随处可见的信息 |||||

||||| 难让对方敞开心扉 |||||

||||| 无益于将来的人际交往 |||||

||||| 只能肤浅地了解对方 |||||

||||| 单向沟通 |||||

引 导

积极主动地
获取信息

得到有益的信息

获得信任　听到对方的心里话

构建良好的人际关系

看到对方不为人知的一面

提高沟通能力

那么，怎样才能尽可能问出"10"的内容呢。这就与"引导能力"密切相关，本书会对此进行详尽的介绍。

只要掌握了诀窍，线上沟通也能"引导"出想要的答案

我采访过的人遍及各个领域，包括鼎鼎大名的公司老板、科学家、艺术家、演员、运动员，也有公司新员工与学生。

写作虽然是一种输出，但最重要的还是从采访对象口中"导出"丰富的内容。前面也提到，如果写不出好东西，我的工作就不算成功。

我以前也反复在书里提过，自己并不喜欢，也不擅长写作，从事这份职业，只是因为热衷"传达"。

之所以能顺利从事自由职业27年，很大程度上也是在借助"引导"的力量，完成这种"传达"。

"引出"采访对象从未吐露的内情、听到令人震惊的真相或是听特定对象说出精彩的桥段……

曾有采访对象告诉我："你问出了我一直憋在心里的话。"也有人说："谢谢你，让我度过了一段快乐的时间。"甚至有人特地指名要我采访。

那么，怎样才能引导对方、引导时需要什么技巧、具体如何操作呢？在本书中，我将以具体沟通场景为例，进行归纳和总结。

近一年多来，受到新型冠状病毒肺炎疫情的影响，人与人面对面交谈的机会减少，远程办公、线上会议逐渐增多，也有人认为"线上无法沟通。得不到想要的答案"。

我的工作中，线上沟通的次数也在增加，但并未出现上述情况。随着一次次线上会议的积累，我发现线上交流也有"引导的诀窍"。

想来，我在采访和调查中培养的"引导能力"，也能为更多人所用。

不要止步于"倾听"，更要学会"引导"。如果这本书能为读者带来些许帮助，就是我的荣幸。

目　录

第一章
如何理解"引导能力"

003　沟通并非只靠语言就能成立

007　"引导能力"才是最重要的

011　每个人都想谈论自己

014　为何倾诉烦恼能让人心情舒畅

017　营造一种"能让人安心倾诉"的气氛

020　线上交流的重点在"一开始"

023　怎样才算令人愉快的沟通？

025　如果笃定"线上交流没有效果"，对方也会有所感知

028　辨别对方是否喜欢"帮腔"

031　越优秀的人越谦和

035　面对国民偶像稻垣吾郎先生也不紧张的原因

第二章
学会"引导式提问"准备篇
——"引导"始于见面之前

041　线上交流最重要的是"网络环境"

045　在会议开始前做好周全的准备

048　如果让人质疑，沟通就无法深入

051　怎样问出秋元康先生的真心话

055　拼命释放"一定要问出点什么"的信号

059　引出真心话靠的不是计谋或心理战术，而是共鸣

062　请教乃一时之羞，不问乃一生之耻

066　引导过程中最有利的武器是"向对方展示事前调查的努力"

070　做笔记的重要性

073　从"爆笑问题"组合成员太田光先生口中问出答案的秘诀

077　适用于所有人的"撒手锏"问题并不存在

080　面对性格强势的交流对象该如何

第三章

学会"引导式提问" 实践篇 Part1

——"引导式沟通"开始于"对目标的说明"

085 破冰行为是否必要

088 为了保证沟通的顺畅，应当"留足时间"

091 让对方看出你对时间有合理的安排

094 为什么因戴口罩而不做表情管理的人越来越多

098 无论面对面还是线上交流，都要吐字清楚、声音洪亮

101 注意非言语信息的准确传达

105 与客户平等沟通的两个心得

109 对沟通的全盘了解能有效提高沟通效率

113 需要高度警惕的问题

第四章

学会"引导式提问"　实践篇 Part2

——掌握足以左右"引导能力"的提问技巧

119　即兴引导的困难之处

122　提问太多反而无法引导出有意义的答案

128　突然提出复杂的问题，对话会很难推进

132　过于具体的问题太多，对话就无法展开

135　如何减轻"提问方"与"被提问方"之间的对立感

138　视线落在对方两眼之间

141　如果对方话太多，或说了很多无意义的内容怎么办

145　挖掘问题的诀窍

151　想不出问题时，就重复对方说过的内容

第五章
学会"引导式提问" 应用篇
——想最大程度地引出对方的真心话，
需注意以下几点

157 避免"提问"变成"诘问"的方法

160 从谈论自己开始提问也是好办法

163 对方的回答里必然藏着提问的线索

166 下属的引导能力，上司的引导能力

170 被采访者不止一人，如何引出对话

174 如何处理难以回答的问题、消极的话题

178 提问方不能喧宾夺主

181 对福山雅治先生、役所广司先生有效的"引导式提问"

185 "抛开工作"也有利于引出有意义的答案

189 创造良好的沟通氛围，引出有意义的对话

193 营造出"真高兴能与你聊天"的氛围

196 后记

第一章

如何理解"引导能力"

沟通并非只靠语言就能成立

线上采访初次见面的无印良品前会长

采访、沟通、撰稿，这一系列工作我干了近30年，但必须强调，我只喜欢与人面对面沟通。

举例而言，如果要开电话会议，我会尽量避免。只要对方有空，哪怕时间很短，我也会特地上门拜访。线上会议同样如此。

理由很简单，面对面交流比其他形式更顺畅。如果只是听对方说话，通过电话或网络都没问题，但想要引出对方的心里话，则另当别论。

只有通过观察对方的表情、现场的氛围，用五官捕捉微妙的瞬间，适当调整问题和采访形式，才能引导对方进一步吐露心声。而这些只有面对面的交流才能做到。

更何况，对方很可能是你从未见过的人，线上交流很难问出理想的内容。不过，随着新型冠状病毒肺炎感染的影响扩大，在现实中进行面对面采访也逐渐难以实现。

我至今还记得，当我手头的采访计划近乎全面中止时，第一次线上访谈，就是用Zoom①采访松井忠三先生——创建了"无印良品"的良品计划公司前会长。

对方是上市公司的前会长、著名的企业家，曾让深陷困境的"无印良品"重振雄风，也在许多媒体上露过脸，还出版过著作。初次见面，我就要在线上采访这位大人物。

当时，我用家里的台式电脑打开了Zoom。幸运的是，在此之前，我经常用Zoom跟同事、朋友交流工作进展或聊天，对这款软件已经很熟悉了。

所以，我也知道Zoom画面中的背景至关重要，于是用手机拍下了起居室外满目绿色的风景，设置成聊天窗口的虚拟背景。

这一举动颇为奏效。松井先生首先对这幅背景产生了兴趣，主动对我说："好漂亮的风景。这是酒店还是别的什么地方呢？"这一问顺利打破僵局，我也得以将话题转向新冠肺炎疫情影响下的企业经营。

———————————

① Zoom：一款视频会议软件，可通过手机、平板电脑、电脑与多人进行视频通话。最多支持一千名视频参会者或一万名观看者。

为什么会累成这样？

我的采访习惯是，问题不必准备太多。一个小时的采访最多准备6个问题。因此，在提出问题之后，大都会根据对方掷回的答案随机应变，发散开去。

问的时候当然要做笔记，因为同时也在录音，所以能把精力集中在提问上。一边听对方回答，一边绞尽脑汁去思考该继续问什么。在某个问题告一段落时，再回到事先准备的第二个问题上来。

线上采访初次见面的大企业家，过程相当顺利。我紧咬他的回答反复提问，最终引出了精彩的内容。

可采访结束之后，我累得筋疲力尽。

通过这次经历，我重新意识到，沟通并不是只靠语言进行的。尤其要明白，我们是通过所见之物来获取信息的。线上沟通时，画面只能映出对方的脸和上半身的局部，这就限制了能够获得的信息量。

即便如此，我也在尽可能地捕捉对方的表情与微动作，试图紧跟对方的节奏。此外，为了让对方理解我提的问题，要比当面交流更考验自己的表达能力。因为要兼顾这些，我才会筋疲力尽。

不过，这段经历也证明，线上沟通确实行得通。虽然我更倾向于见面交流，但眼下工作环境受到新冠肺炎疫情的影响，很难实现。虽说是线上采访，也必须保证质量。所以只能硬着头皮干，努力引出对方的精彩言论，仅此而已。

重点：线上也能进行"引导式"沟通。

"引导能力"才是最重要的

只要能引出"素材"，谁都可以写出好文章

我的工作是把采访内容写成文章，很多人将其理解为"写作"，但我不这么认为。

在我接受编辑约稿，准备写一本"与写作相关的书"，即后来出版的《以写为生 专业文章论》（三岛社）时，才有了机会把相关想法整理成文字。

这本书的责任编辑也是位自由职业者，同时为其他出版社的杂志撰稿。在我偶然受邀，跟他一起为某杂志撰稿时，他对我说：

"上阪先生写的报道跟我写的太不一样了。我想弄清二者的区别在哪里。"

在那本与"写作"有关的书中，我也提到，我并不是因为喜欢写作才从事这份工作的。幼年时期还很不擅长甚至很讨厌写

东西。

话虽如此，如今的我却以写作为生，这可谓人生的奇妙之处。在此期间，我注意到一件事。

我不擅长写文章，也没什么写作技巧。难不成，所谓的区别在于"写出的内容"？

简单来说，就是文章的内容。后来我称之为"素材"。无论文笔多好，如果"素材"无聊，文章也不会太有趣。

反过来，哪怕文笔粗糙，只要"素材"有趣，大部分还是能吸引读者的兴趣。

那么，写报道的时候，该如何整理"素材"呢，一般来说，是通过采访时的交流。如果不能用问题引出好的"素材"，就写不出有趣的报道。

因此，只是从采访对象口中问出对方说过千百遍、稀松平常的答案，在我看来是不合格的。

"欸，那个人还说过这种话啊。"

"说得真好。"

"那人背后还有这样的故事啊。"

只有获得这样的读者反馈，报道才称得上有意义。然而，有趣的素材不会在你静静聆听时自动出现。

只要能引出话题，就能深入理解对方

我为什么能写出与众不同的报道？为了写那本书，我不断深入思考，终于发现了原因——我的采访并非只是单纯的"提问"与"倾听"，还在有意识地"引导"对方回答问题。

因此，那本书虽然在谈论"写作"，但有三分之一的内容都在讲"提问"。因为"提问"更进一步就是"引导"，唯有"引导"，才是这份工作的关键所在。

不只写报道，其他工作中也能用到这种技巧。如果能"引出"对方心中所想，就能把工作做得更好，做出更多成绩，获得更多信赖。因为你弄清了迄今为止模糊不清的东西。

做营销或策划的人，在理解客户真正需求的基础上，能给出更切实的提案。如果上司能进一步理解下属的心思，就能顺利完成管理工作。如果员工接到工作任务时，能明确弄清任务的要点，就不会偏离重心，做无用功。

随着新冠肺炎疫情的影响扩大，远程办公、线上交流的工作会越来越多，像我初次进行线上采访那样，对线上沟通感到困惑的人也会层出不穷。

但我也说过，以"线上难以充分沟通"为借口，是行不通的。从这个意义上看，在远程办公日渐常态化的当下，"引导"

对话的能力也变得越发重要。

重点：只要能"引出"话题，就能把工作做得更好。

每个人都想谈论自己

通过谈论，让人理解自己

在分享具体技巧之前，我想先说说交流的大前提。我干自由职业27年以来，采访人数在3000以上。

在自我介绍里写"采访人数超过3000"也有十多年了，实际人数还要多得多，但具体数字也记不清了。如今我依然会每周采访不同的人，其间又意识到一个问题。

前面我说过，"要写好文章，提问很重要"，因为我偶然发现，"被人提问时，心情总是很好"。

事实上，每个人都想谈论自己。因为通过谈论，能让别人理解自己。没有人讨厌被人理解，这是件令人愉快的事。

另外，了解对方的喜好，然后进行提问，也能提高交流的质量和心理满足感。如果对方不喜欢足球，无论怎么聊足球也无济于事。

相反，如果在交流过程中发现对方喜欢足球，于是在对话里加入些关于足球的话题，对方就能尽情谈论自己的喜好和与足球相关的知识。

进行采访之前，我常提醒自己这个大前提：每个人都渴望谈论自己，被人提问是件愉快的事。

所以，问就行了。不断地问。通过提问、引导，就能理解对方，取悦对方。

不仅要问，还要堂堂正正地问。如果太过拘谨，可能会受到对方的质疑，所以要堂堂正正地发问。当然，态度必须礼貌，只是别把姿态放得太低。

超一流销售人员的引导能力

以前，我采访过一位就职于外资人寿保险公司的超一流销售人员。受理保险业务并不是件简单的工作，但他已经从事这项业务超过20年，一日不曾停歇。

那么，怎样才能不断开发新客户呢？他的回答是，不去开发。客人总是自发地打来电话，说是某某人介绍来的。进行面谈时，他从不提保险方案，只是专心聆听客户的话。

关于工作，关于家庭成员，客户希望自己的家庭如何发展，夫妇想过上什么样的生活，眼下的问题是什么，想实现什么样的目标……不管客户说什么，他都全盘接纳。

同时做好笔记。接着，从中寻找客户要达成目标所欠缺的东西。那个欠缺的地方，就用人寿保险的业务弥补。

客户计划的未来里缺少某些东西。这对他们是必需的。找到这一点后，按需推荐业务，客户当然会购买保险。就这样，他几乎每天都能创造收益。

反例也有，如果不听不问，就会导致业务上的失败。有位顾客喜欢打网球，想找一家附带网球场的疗养中心，成为那里的会员。他想在气候稳定的地域寻找合适的场所，于是打电话给一家正在招募会员的公司询问。

接电话的销售人员先是做了简单的自我介绍及问候后，就翻开公司手册开始介绍。说什么本公司拥有悠久的传统啦、在全国范围内都有业务啦、各个场所都有完备的设施啦……但客人很快挂断了电话。

销售人员为什么会接到这通电话？因为客人想打听附带网球场的设施。但他不仅没解决客人的问题，还一个劲儿地念了很多对方毫无兴趣的公司背景介绍，客人因此才挂断了电话。

销售人员首先要做的是，弄清客人致电的原因，切实"问出"对方的需求，并针对需求提供帮助。只有做到这点，才不会答非所问，进行无效营业了。

所以，一切都要从提问开始。

重点：不问，就无法了解对方。

为何倾诉烦恼能让人心情舒畅

如果对方有烦恼和迷惘，只要倾听就好

人是一种喜欢谈论自我的生物。我在采访一位精神科医生时，从另一个角度获得了相关启示。

在一个人烦恼、迷惘之际，若有人关心地询问、倾听自己，心情就会舒畅很多。有过类似经验的读者想必不少，这也是沟通的效果。

说到底，人为什么会烦恼、不安呢？因为处于一种说不清、道不明的焦虑状态。这种说不清、道不明，会进一步加深烦恼与不安。因此，必须弄清出现这种状态的原因。

这里就不得不提到对话的作用了。把心里说不清、道不明的东西转化成语言吐露出来，就能消除那份焦躁不安。换句话说，情绪得到了整理。

如果有人提问，自己也能因此受益，把脑子里的想法整理

一番。

　　说不清、道不明的焦虑情绪经过语言的整理，会变得客观。你就能明白，原来我是在为这些事烦恼和不安。这样一来，就能冷静地看待自己。

　　通过与人对话，思路得到了整理，想法变得客观，也会有种恍然大悟的畅快。

　　事实上，我曾在采访某位企业家后，接到对方的联络：

　　"今天的采访，你的提问让我大受裨益，思路也清晰了很多。如果可以，之后也想请你定期采访我一次。"

　　可惜我的输出工作只有"撰写报道"这一项，无法回应他的期待。从这件事中，我也意识到，提问除了能帮人缓解烦恼与不安，竟然还有这样的效果。

　　在这之后，我也多次从采访对象口中听到"托你的福，思路更清晰了"之类的话。有位咨询师在接受我的采访时，还把对话都录了下来。

　　"如果有一天我要写书，可否以此为材料呢？"咨询师问。我当然同意了。

引出对方的需求，你的话也能发挥更大的作用

　　眼下，社会上正流行学习"说话之道""表达方式"，大卖

数十万本的畅销书也次第出现。当然，这类书能卖得如此火爆，也是因为说话与表达极为重要。

但另一方面，我觉得，比起说话，提问更加重要。不只是前面举例的那位疗养中心的销售人员，如果无法理解对方的意图，说出的话也很难令人满意。

如果能引出对方的需求，你掌握的说话方式、表达技巧才能发挥更大的作用。因此，提问方式的重要性显而易见，工作中需要的，也正是能引导对方说出真心话的能力。

长年从事采访工作的经验告诉我，只要心怀对方，尝试理解对方，就能促进彼此的交流。向对方提问，就意味着对他/她抱有兴趣，想为他/她做点什么。

说到底，没人会因为别人对自己有兴趣而感到不快。我对你很有兴趣，所以才会问你各种各样的问题。这种姿态，可以说能给受访者留下很好的印象。

接受提问是件积极愉快的事。在一来一回的过程中，还有利于整理思路。接受提问，受人引导，并不等于完全被动。而是以此为前提，进行良好的沟通。希望大家都掌握这个心得。

重点：我对你的各方面都很感兴趣——这种提问状态会给受访者留下良好的印象。

营造一种"能让人安心倾诉"的气氛

对方会对你的形象做出评价

虽说人都想谈论自己，也享受有人提问、倾听自己，但并不是任谁都行。如果坐在对面的是个陌生的可疑人士，想必没人会就自己的情况侃侃而谈。另外，就算对某个人抱有兴趣，也不能单方面地问个不停，这会给对方造成困扰。

首先，需要营造出"能让人安心倾诉"的氛围。这种能力至关重要。

我一直不太喜欢电话采访或线上采访，就是因为这类形式很难营造谈话的氛围。之所以对当面采访很有信心，则是因为我对此经验丰富，自信能营造良好的氛围。

实际与人面对面，可以随机应变地营造氛围。就拿最具代表性的初次见面来说吧。

说实话，第一印象这东西很难改变。如果初次见面就让人心生怀疑、不满，要再取得对方的信任，就得花费相当长的时间。相反，如果初次见面给人留下了好印象，就能顺利进入交流环节。

现在的我，与年轻时在公司通勤不同，穿着打扮非常休闲。当今社会，穿西服上班的人越来越少，还有人穿牛仔裤工作，因此很多人会觉得这理所当然。

但一定要谨记，对你做出评价的是客户。哪怕世人都觉得穿休闲装很正常，但只要对方认为"该穿西服"，你却穿了休闲装，就会被狠狠扣分。

从这个意义上说，初次见面的第一印象非常重要。如果这时候给人留下不好的印象，很可能会波及后面的工作。

表情温和的重要性

除了上面说的，还要注重外表的清爽。头发有没有理好，指甲是否修剪整齐，鞋子有没有擦干净。

要知道，仅仅是递名片那点时间，就能呈现出很多东西。没人会对不修边幅的人产生好感。

另外，还要注意嘴角上扬，做出温和的表情。如果愁眉苦脸、皱着眉头，会让人感觉难以接近。

交换名片的时候，要看向对方的脸，再看名片，清楚地念出名片上的公司名称和对方的名字，说声"请多关照"，再低头致意。

其实线上交流也一样。不能因为是远程办公，就以平常心对待，对方可能不吃这一套。因为线上多数是用语音沟通，所以也要注意用声音给人留下好印象。

初次见面如何让人产生信赖感，要把这个念头铭记在心。

重点：第一印象、第一声问候，极为重要。

线上交流的重点在"一开始"

线上交流也能"营造气氛"

随着远程办公的常态化，线上销售、线上会议、线上讨论越来越多，也有人因此而苦恼认为线上交流与当面交流不同，无法揣摩现场氛围，难以深入沟通，或很难弄清对方的意图……

这是因为线上交流时，non-verbal communication，即非言语交流，无法顺利进行。这与我不想做线上采访的理由如出一辙。

线上交流和实际与人见面不同，无法使出浑身解数获取对方的信任，也很难给人留下良好的第一印象。

不过，我并不认为线上交流无法"营造气氛"。事实上，在经历了第一次线上采访之后，我的线上采访委托也越来越多。

因为见面会有感染风险，所以即使想当面采访，也无法如愿。话虽如此，若说"线上采访问不出好内容"，也是借口。即使无法使用非言语交流，也必须给人留下好印象。

必须营造这样一种氛围，让人产生信赖感，觉得"说说也无妨"。

注意！当画面上首次出现自己的脸时

线上交流首先要注意的是，屏幕上首次出现的"画面"，这比实际与对方见面更为重要。这个瞬间，要做出什么表情呢？

如果是实际见面，视野更加广阔，能看见的东西也更多。第一次与对方打招呼时，能看到会客室的场景、公司的员工、摄影师等工作人员。

但在线上交流时，这些元素都消失了。直接映入对方眼帘的，只有自己的脸和身后的背景。这一瞬间，就是你给对方留下的第一印象。

因此，必须意识到这个初始画面的重要性，注意外在和表情。服装要符合对方的审美，外表也要清爽整洁。嘴角上扬，温和地微笑。

其次是开场白。开场白往往决定了现场的氛围。如果发出低沉的声音，现场气氛也会变得阴沉。这不利于后续的交流。

我一般会稍微提高声调，气沉丹田，让声音雄浑有力。大多数时候是以"早上好""你好"等简单的句子做开场白。正因如此，更要注意声音的饱满。营造出良好的氛围，让对方觉得："哦，这个人好像很可靠"，"这个人应该能认真听我说话吧"。

重点：线上交流时，开场白稍微提高声调，发出饱满有力的声音。

怎样才算令人愉快的沟通？

配合对方的说话风格，就能保持愉快的谈话节奏

有时候采访结束，受访者会对我说："你的采访真的很棒。"我反问："为什么呢？"很多人的答案是："因为我聊得很开心。"

事实上，这里面也有门道。因为我总是在有意识地配合对方说话的节奏。

每个人都有自己觉得舒适的聊天风格。我是关西人，其实很喜欢语速飞快地热烈讨论，但这种风格完全不适合采访。所以必须配合受访者的风格。

只有让对方用最熟悉、最舒服的方式聊天，才能听到好的内容。所以，必须在采访中弄清对方的性格、说话的风格。

采访对象往往各有特色。其中有受访经验丰富的名人，也有以新员工为主的社会新鲜人（因为想避免只采访名人的状况，我也会接受这类的工作）。

像这样，先弄清对方的风格，再配合对方的节奏来推进对话。说话的速度、音量、韵律也一样。每个人都有不同的特点，提问的时候，我也会尽可能地配合对方。

也许有人觉得，采访应该按提问者的节奏进行，但我并不认同。最重要的是，让受访者在交流过程中保持心情愉快。

说到底，采访是为了听受访者说话。只要聊天环境能让对方放松，就能达到事半功倍的效果。

灵活使用对方习惯的线上聊天工具

即使是在线交流，也要尽可能让受访者放松，尽量减少他们的不安。为此，可以使用对方习惯的聊天软件。如果对方常用Zoom，就用Zoom采访。如果对方习惯Teams，就用Teams。如果对方喜欢用Google Meet，就配合使用Google Meet。

使用对方习惯的聊天工具，也能在一定程度上减少他们的不安。

剩下的，就像面对面交流那样，进行寻常的对话。若无其事地询问、倾听。忘记你们是在线上交流，自然地沟通。

重点：配合对方的节奏。

如果笃定"线上交流没有效果"，对方也会有所感知

切记，时常保持积极的心态

随着线上采访的经验增多，我发现有件事是线上交流需要避免的。即擅自笃定"线上交流没有效果""无法深入沟通"。

理由很简单，如果带着这种想法与人交流，就真的会变成这样。因为这种想法会传达给对方。

具体原因稍后细说，这里想阐明的是，人类不自觉释放的信息量超乎想象。站在采访者的角度，除了语言，还要准确接收对方传达的非言语信息，并运用引导能力提问，反之亦然。

采访者也会毫无意识地释放一些非言语信息。私下的想法也可能会表现出来。

举例来说，你的想法可能会不由自主地表现在脸上、态度上，或举手投足间。即使自己没有意识到，这类消极信息也会四

处发散。

当工作要求必须问出好内容时，我总是保持着积极的心态，告诉自己："今天一定能听到精彩的内容""一定要问出前所未闻的东西""非常期待""好激动，就这样开始吧"……

因为我的所思所想会如实传达给对方。与此同时，我也想把正面的情绪传达给对方。

线上交流也一样。第一次线上采访虽然让我筋疲力尽，但因为心态积极，也有了好的结果。

反过来，如果受访者心中不安，怀疑"线上交流真的有用吗"，采访者就必须帮忙消除这种念头。出言安抚，缓和气氛，让对方意识到"线上也没问题""一定能聊得很好""线上也能轻松沟通"。

土屋裕雅先生是五金行业领头羊CAINZ公司的会长，所领导的Beisia集团曾创下一兆日元以上的集团营业额，采访他的时候，我的心情也如上所述。

采访这种大公司领导人并非易事，如果对自己产生怀疑，反而容易坏事。

当时我们打过招呼，对话就自然而然地开始了。这种情况下，绝不能想：这种大人物，才不会在网上……事实上，土屋会长也寻常地回答了我的提问。

可见，认为线上无法引导出好内容、无法深入沟通，是种毫无道理的偏见。只要创造条件，就能做到深入沟通。任何事都有方法。

唯一要避免的是，笃定这行不通。

尽可能表现得熟悉线上沟通，给人以安心感

还有件事也很重要，就是要给人一种你已经习惯线上交流的感觉，这样才显得可靠。我曾采访过一位嘉宾，全年做了600多场的线上演讲。那种驾轻就熟的感觉，让我备受震撼。

对方一看就是线上沟通的老手，态度十分坦然，丝毫没有拘谨。既然采访对象如此放松，我也安下心来，专心开展工作。这件事告诉我，向对方发出"我很熟悉这个流程，别担心"的信号很重要。

如果你对线上交流还不够熟悉，就在私下里多多练习。如果是销售人员，只要设置一个背景，进行角色扮演就行。关键在于，创造机会去熟悉。

重点：创造机会，熟悉线上交流。

辨别对方是否喜欢"帮腔"

在对话开始时，弄清对方是否喜欢帮腔

要让受访者畅所欲言，必须尽早发现对方的特点。采访电视上的名人，经常出现这种情况，你以为"这个人肯定会这样说话"，实际上完全不同。

有些看上去健谈的人，实际可能沉默寡言；也有人看上去话少，实际却能侃侃而谈。

另外，有的人说话时喜欢别人不时应和，有的人则希望别人保持安静。如果不能掌握受访者的这类特征，就很难让他们畅所欲言。

如果对方不喜欢被打断，你却总是插话，好不容易引出的话题也可能就此终止。

要想弄清对方的说话风格，某位电视制作人教给我一个管用的方法，就是看对方是否喜欢被"帮腔"。

只要对话一开始，就能立刻见分晓。如果对方喜欢别人"帮腔"，你就可以在后续沟通中搭话；如果对方不喜欢"帮腔"，你就不要随便提问或接连附和。最起码先让人说完想说的话。

为了弄清受访者的类型，可以在对话开始时"帮腔"几句，测试对方的反应。

抛出只需答"是"或"不是"的问题

在我看来，最顺利的采访，就是遇到与自己意趣相投的人。对方大概也会有同感。有时采访过程中莫名就聊得很开心，结束之后，对方又发来别的工作邀约。

资生堂的鱼谷雅彦社长就是这样的人。当时，他还在日本的可口可乐公司担任社长，我采访了他，交流过程中不知为何就很合拍，事后他对我说："如果以后我要出书，希望由你来采访撰稿。"

此后，他又发来好几次工作邀约，还让我在杂志 *AERA*（朝日新闻出版）的非虚构专栏"现代肖像"刊发文章。

在采访中遇到合拍的对象，也能取得这样的成果。

反过来，如果遇到气场不合的人，该怎么办呢？比如，对方希望采访者一言不发地倾听。这种时候，一定要配合。让对方按他/她的节奏说话。如果擅自打断，很可能导致沟通无法继续。

我是个急性子的人，说实话，很想接连不断地提问，但采访中必须克制。这种时候，就要把原本很快的语速尽量放慢。这样也能让自己冷静下来。

一方面，如果对方总是避重就轻，或沉默不语，也千万不要勉强。我很不擅长应对沉默，但也有人对此毫不介意。

总是深思熟虑后才作答的人，往往会在采访过程中停顿很长的时间。这种时候决不能着急。总之，记住一句话，配合对方的节奏。

话虽如此，如果时间不够充分，也有别的办法。就是抛出只需回答"是"或"不是"的问题。这样一来，双方就能沟通基本的意见。

此外，根据不同的提问，有的受访者可能会突然敞开心扉，开始讲述。如何应对这种情况，后面会细讲，重要的是，做好随机应变的准备。

重点：如果对方一直沉默，可以提些只需回答"是"或"不是"的问题。

越优秀的人越谦和

石桥贵明先生为何给人留下了良好的印象

如何才能给人留下良好的第一印象呢？我的建议是，模仿给你留下过好印象的人，分析原因，再进行模仿。

我采访过很多事业有成的人，也从中获得了很多启发。创业者、上市公司社长、演员、运动员、科学家……采访了数千人之后，我发现，越是一流的人才，就越是谦虚、沉稳。他们还有很强的服务精神，会根据你的意图做出反馈。我不止一次地感叹，正因如此，他们才被称作"一流"啊。一流人士，都是沟通的好手。

在与一流人士的交流经验里，也有人给我留下了鲜明的印象。比如Tunnels①的石桥贵明先生。如今，石桥先生在YouTube

----

① Tunnels：日本搞笑艺人组合。1980年出道，由石桥贵明、木梨宪武二人组成。

（视频网站）上大受欢迎，而我采访他，还是十多年前他活跃在电视节目里的时候。

在石桥贵明、木梨宪武组成的Tunnels中，石桥先生扮演的是俗称"恶人"的角色，骇人的形象深入人心。电视上的他做事总是不经考虑、突破常理，性格还很古怪。

采访他之前，我心里很不安，担心他本人会不会跟电视上一样吓人，害怕他不肯回答我的提问。

出乎意料的是，现身于采访地点的酒店套房里的，是位笑容温和的高个子绅士。打招呼的态度十分友好，还深深低头，对我说"请多关照"。这就是初次见面给我留下极好印象的石桥先生。因为他本人跟电视上的形象差别太大，我一面震惊，一面再次确定："一流的人果然与众不同。"

此外，一流人士在谈话中还有其他技巧。石桥先生在沙发上就坐时，把现场所有工作人员的名片都整齐地摆放在矮桌上。每次回答我的问题，还会叫我的名字，比如：

"上阪先生，刚才的问题提得很好。"

"上阪先生说得对。"

"确实也可以这么说。上阪先生。"

这可真是吓我一跳。

不矫饰，坦诚以待

学生时代活跃在电视上的明星居然叫了我的名字。这简直让我既兴奋又骄傲。他回答问题不但谦和有礼，内容也多次叫人意外，但给我印象最深的，还是他叫了我的名字这件事。

"姓名，是一个人一生中最常听到的词语。被人呼唤名字，其实是件非常开心的事。"这是很久以后，我采访某位著名企业家时听说的。

石桥先生是否知道这个道理，我也不清楚。但迄今为止，我在工作中都会提醒自己，只要有意识地记住对方的名字，就会给人留下深刻的印象。

石桥先生有一档做了多年的电视节目停播，其后，他在YouTube上发布视频，赢得了热烈反响，被大众称为"逆袭"。在广大好评的背后，少不了往昔同事的默默支持。

如果石桥先生本人真跟电视上呈现的恶人角色一样，那些工作人员还会帮他吗？想来，那次采访中见到的笑容温和、谦逊亲切的绅士，才是石桥先生本来的面目。如此说来，他的本性也在当时展露无遗。

反之亦然，你的任何表现都会给人留下印象。尤其是企业家之类的人，大都拥有敏锐的识人能力。因此，我在采访时绝不逞强，因为一定会被看穿。

如果接近对方的动机不纯，或心存邪念，肯定会被识破。所以不要矫饰，怀着坦诚之心去面对就好。这样才能给对方留下良好的第一印象，在后续工作中引出好的对话。

重点：在交流中，"称呼对方的名字"，就能瞬间给人留下印象。

面对国民偶像稻垣吾郎先生也不紧张的原因

不要过分在意对方怎么看你

我采访过很多著名企业家、著名艺人、电影导演、棒球裁判、大学教授等，时常被人问："你不会紧张吗？"我确实不紧张。

忘记是在采访中听来，还是在什么书里看到的，据说紧张也有运行机制。如果太想给对方留下好印象，就容易紧张。

参加面试之所以紧张，也是这个道理。不过仔细想想，即使再想让人对自己刮目相看，也无法左右别人的想法。

自从意识到这一点，我就再也不会紧张了。因为紧张无益。

更何况，采访中遇到的人，只是我的采访对象，他们对我的期待，不过是能从他们口中问出好的素材，写成有意义的文章给读者看。

无论我的工作做得多好，他们也不至于欣赏，或是高度评价我的功劳。当然，如果被采访对象讨厌了，确实很难问出好东西。总之，不要过分在意对方怎么看你，不必过度表现。

基于这些原因，我有时完全不会紧张，就算面对超级名人也不露怯，所以总是不断接到采访邀约。

近年来，给我印象最深的采访对象，应该是原SMAP[①]组合的稻垣吾郎先生。作为日本顶级巨星组合，SMAP的存在几乎贯穿了整个平成年代。而我采访稻垣吾郎先生时，他已成为"新地图[②]"的一员，在为他们主演的第一部电影做宣传。采访前我就在想，他一定气场超强吧，实际见面，情况远超想象。

采访地点在一个很大的摄影棚里，室内一角已经为我们布置好了，正对面有个入口，稻垣先生就是从那里走进来的。他出现的一瞬间，室内氛围骤变。我还记得当时在心里惊叹：这就是真正的巨星气场啊。不过，感叹只在那一瞬间。开始采访以后，就要抛却所有杂念。无论对方是谁，只要保持自然，有条理地提问就好。因为这就是我的工作。

留出的采访时间很短，但稻垣先生不愧为巨星，已经非常习惯这项工作。对我接连提出的问题给出了精准确切的回复。他还

---

① SMAP：日本超人气偶像组合，成立于1988年，解散于2016年。是日本家喻户晓的"国民组合"之一。

② 新地图：SMAP解散后，其中三人（稻垣吾郎、草彅刚、香取慎吾）重新成立的新组合。

很有服务精神，能明白我话里的意图，这也是一流人士共通的特性。根据这次采访，我写了五千字以上的稿件。

对方公司的负责人想来很满意这次的稿件，后来，我又得到机会采访"新地图"组合的草弹刚先生、香取慎吾先生，并再次采访了稻垣先生。稻垣先生似乎还记得我。也可能是我供稿的媒体跟之前相同，他或许只是记住了那家媒体的名字。

自我怀疑只会令人不安

事实上，我也有罕见的紧张时刻。当时的采访对象是"京瓷"（Kyocera）公司的创立者，稻盛和夫先生。稻盛先生是战后颇具代表性的企业家，但我之所以紧张，是因为采访主题尚不清晰。

一开始，我就问了个复杂的问题。因为担心自己的表达无法准确传达本意，心中颇为不安。这种不安最后变成了现实。由于开场问题杂乱、缺乏条理，对话陷入了尴尬的境地。

此时，稻盛先生竟对我伸出援手。他从我的话里找到几个关键词，从中理解了我的意图，给出了明确的答复。托他的福，我也很快恢复状态，顺利完成了这次难得的采访。

从那以后，我就牢记，要放下心中不安。因为不安终会变成现实。换言之，为了放下不安，需要认真做好采访前的准备。

顺便说一句，虽然不能紧张，但必须保持紧张感。因为对方给了你宝贵的时间。为了充分利用每一秒，采访时必须保持紧张感。

重点：之所以紧张，是因为太在乎"对方的评价"。

第二章

学会"引导式提问" 准备篇

——"引导"始于见面之前

线上交流最重要的是"网络环境"

糟糕的网络环境，会给人难以想象的压力

怎样才能深入沟通，从对方口中问出有价值的答案呢？其实，交流这一行为，开始于双方见面之前。简单来说，就是要做好万全的准备，并明白其重要性。

举例来说，如果在网上与人交流，必须事先准备好基础设备。很多人应该都已意识到，在谈沟通能力之前，线上交流更应注重网络环境。如果这方面出了问题，就很难再做补救。

如果网络环境不稳定，说话声音就会时断时续。我跟熟人聊天时遇到过类似的状况，发现糟糕的网络环境会给人带来难以想象的压力。

这种时候，只能从断断续续的声音里推测对方说了什么。要理解说话内容就耗尽了心力，同时还会给对方留下不好的印象。如果采访者的话筒也有问题，说话声音不清晰，受访者

又会作何感想？这实在太要命了。

此外，周边环境也很重要。我有过一次长时间线上采访，一开始，对方在酒店的房间，中途又换到了酒店大堂。这样一来，周围的动静全都传入耳中，后半部分采访也变得艰难。

原因在于，所处环境里的杂音会扰乱沟通。这段经历也让我深刻体会到，类似的小细节也会令受访者产生极大不快。因此，必须确保网络环境的通畅、周边环境的安静。这对线上交流至关重要。

我在进行线上采访时，会使用工作室的台式电脑，连接有线局域网。虽然我也办了有线电视的无线网络，但还是会避免使用Wi-Fi，直接用网线连接台式机。这样可以确保网络的稳定。

虽然也有人使用便携式移动Wi-Fi，但有时天线位置的不同，也会导致网络环境变化，最终可能还是会因杂音而苦恼。

另外，Wi-Fi等无线网络根据波段的不同，可能会受到家用电器的影响。据说打开微波炉，就可能导致2.4GHz的Wi-Fi中断。所以在家工作时，一定要注意这一点。

"网红补光灯"为何销量激增

除了上述因素，个人电脑的画面质量，也可能给线上交流造成影响。很多人想必都发现了，摄像头的像素、灯光、背景等，很大程度上决定了你给对方留下的印象。

如果你的摄像头像素太低，对方看不清你的脸，还会对你敞开心扉，积极回应你的提问吗？

画面能清晰映出人像，与画面不清晰相比，哪种更有利于交流呢。答案不言自明。

随着线上交流的普及，被称为"网红补光灯"的照明工具销量激增也是理所当然的。因为脸色暗沉会给人留下不好的印象，而现在只需用灯光提亮肤色，就能立即修正自己的形象。

此外，电脑自带的摄像头也有极限，购买外接摄像头不失为一个办法。如果不想专门为此买摄像头，也可以使用智能手机搭配应用软件操作。因为摄像头比个人电脑的摄像头性能更好。

除了上面说的，还可以用外接的麦克风提高声音质量。采访过程中，清晰的音质能给对方留下更好的印象。3000日元左右的领夹式话筒就能获得截然不同的音质。

面对面采访的丰富经验告诉我，只要说话人受到一丝一毫的干扰，原本想说的话也会说不出口。这些干扰包括对采访者的印象、采访环境，以及周围的动静。

周边环境的设置，对引导能力的施展极为重要。

重点：尽可能使用有线局域网。事先准备好外接摄像头、外接麦克风。

在会议开始前做好周全的准备

必要物品备在手边

事前准备还需要注意的是，必要物品要备在手边。面对面采访时，这些都是理所当然的，但换成线上交流，却容易疏忽这一点。认为自己就在那里，想要的东西随时都能取。

确实，想要的东西都在房间里，但如果不放在桌上，势必要起身去找。而此时，你已经在对方的视频画面里了。

如果你也有过类似的经验，一定知道，在画面上急急忙忙翻东西，会给人留下不好的印象。如果因此让人感觉邋遢，进而质疑你的工作能力，就得不偿失了。

这种行为会拉低对方的信任感，消退对方的倾诉欲。虽然是极为琐碎的细节，但也可能会给人留下特别不好的印象。

面对面交流时也一样。如果忘记准备好必要物品，等双方打完招呼才在包里匆忙翻找，就会显得不够专业。对方想必也很难对你产生信赖，放心与你畅谈。

我一般会提前整理好采访时要用的资料，统一放进文件夹，夹在A4大小的笔记本里。到了采访现场，只需取出笔记本，放在桌上就行。打开笔记本，事先准备的提问内容都写在纸上，放在文件夹里。几秒钟就能准备就绪。

考虑到取放的便利性，我用的是革质敞口托特包。A4大小的笔记本、文件等也能竖着放入。

人们对交流对象的观察远比你想象的仔细

其他还需取出的，就是录音笔、做记录用的笔等。这些我一般放在托特包开口附近的小口袋里，一眼就能看见，立刻就能取出来。

笔也可以放进笔盒，录音笔还可以塞进包里的内胆包。但这样一来，就要先取出笔盒再拿笔，先取出内胆包再拿录音笔，多了个步骤。

我觉得这个步骤太麻烦，会给人一种磨蹭的感觉。

前面也曾提到，采访时间非常宝贵，一分一秒也不该浪费。怀着这种强烈的情绪，一切准备都是为了尽快展开采访。

此外，最重要的还是印象。双方打过招呼后，本该直接进入交流环节，如果这时你还要把手伸进包里翻来找去，是极不专业的行为。如果我是你的采访对象，对你的印象就会大打折扣。

影响形象的因素，其实都是些琐碎的细节。只要对方因此受到干扰，倾诉欲就会下降，对你的信赖感也会丧失。

不过，也不用把事情考虑得太复杂。只要准备好必要物品，能在需要时立刻取出就行。

做销售、做演讲、上下级间进行交流时，也是同样的道理。千万不要忘记，人们对交流对象的观察远比你想象的仔细。

别以为不引人注目的细节就没人发现。线上交流是如此，当面交流也一样。

重点：事先把需要用到的物品备在手边。

如果让人质疑，沟通就无法深入

线上沟通可以随意着装吗？

要给人留下好印象，并不是件容易的事。但为了避免给人留下糟糕的印象，还是可以事先注意一点，即前面提到的，不要让人对你质疑。

虽是线上沟通，也是在家里进行的工作。远程办公究竟能不能随意着装呢？

对此做出判断的，是与你进行沟通的那个人。对方也许会觉得："毕竟是远程办公，随意一点没关系。"也可能会抱怨："明明是工作会议，怎么穿得这么随便？虽说是线上交流，未免也太失礼了吧。"因此，必须引起注意。

我的职业是撰稿人，据说曾有一段时期，有人选择这份工作就是因为不用成天西装革履。事实上，这行不但不能随意着装，有时还要稍加打扮才能出门采访。

举例来说，如果采访运动员，可以穿POLO衫搭配卡其裤。因为运动员周围很少有穿西装工作的人。因此，随性休闲的着装更加适合，也不会引起对方的诧异。

但是要采访东证一部①上市公司的部长，又该怎么做呢？虽然这要看不同公司的企业风格，但大多数情况下，不系领带会显得不正经。如果对方对你产生了质疑，是否还会对你知无不言呢？

一条领带就能改变聊天氛围

我还记得这样一个例子。有位撰稿人要去采访一位大公司的社长，但他是个绝不系领带的人，所以没系领带就去了。

我采访过很多社长，他们大都性格直率，即使采访者穿着随意，最多也只会说一句："哦，休闲打扮真不错。"

但问题不在社长本人，而是周围人的眼光。其他人可能会觉得："是谁叫了这么个邋遢记者来啊？"质疑你的可能是陪同采访的宣传部部长，也可能是其下属。

就我的经验来看，只要在场有一个人产生了类似的念头，对采访者滋生了怀疑、不满，现场的氛围就会变差，甚至可能在后

---

① 东证一部：东京证券交易所第一部门。一部相比二部，审查标准更为严格，日本全国只有少数上市公司能进入一部。

续环节引发状况。

仅仅是因为不系领带，就可能影响交流质量。既然如此，还是系上领带比较好。当然，这也要看具体的情况。

顺带一提，我采访大公司的社长时，总会在谈话结束后的拍照时间凑过去，小声问一个问题：

"怎样才能像您一样，当上这么厉害的公司的社长呢？"

有趣的是，很多社长的答案都一样：

"不要想着当社长就行。"

不追求出人头地的人，反倒会不断地受到上司的提拔，坐上高位。原来如此，我恍然大悟。与此同时，我也明白了这类社长会提拔什么样的下属，即不追求出人头地的人。

正确来说，是不以成功为目的的人。如果职员都想当社长，公司就无法运转了。社长这个职务说到底只是一个岗位。自己当上社长以后，要怎样发展公司业务，这才是目的。

想来，无论部长、课长，还是社内其他职位都一样。只有把职位视作岗位的人，才能走向成功。我私底下从社长口中问出的这些内容，还真是有意思。

重点：要引出好的谈话内容，必须遵守TPO①原则着装。

---

① TPO：即Time（时间）、Place（地点）、Occasion（场合）。

怎样问出秋元康先生的真心话

直截了当地真诚发问，所以得到了真诚的回答

2002年，我采访了AKB48[①]的策划人秋元康先生。那时，AKB48尚未诞生，但从我采访时问出的内容，依稀已能预见他后来的成功。之后也有不少人问我："当时是如何从秋元先生口中问出那些话的呢？"下面从采访后写成的文章里截取部分：

> 我是自由职业者，只是微不足道的个体，如果人云亦云，就很容易会输。
>
> 原野里的人太多，就摘不到野草莓。所以要探索存在大量野草莓的未垦之地。从事流行相关的工作，就是要提前一

---

① AKB48：日本大型女子偶像组合，成立于2005年12月，总制作人为秋元康。该团体由五支队伍构成，每队人员时有变动，通过招募和选拔组成，现役人数往往超过百人。

年栽种来年会走红的东西。比如现在，向日葵的售价高，大家一窝蜂开始种植。等到收获时节，价格就会暴跌。想要突出重围，就得拿出勇气在大家种向日葵时，逆势栽种蒲公英。

还有一点，用我喜欢的一句话来说，就是"停滞的时钟，每天也有两次指向正确时间"。假设有个人一直在种满天星，也不会跟随潮流改变想法，只要等到几年一度的"满天星热"，就会迎来高度评价。

另外，也有人只会跟风，一会儿改种向日葵，一会儿改种蒲公英。这类人总会比时代落后五分钟。一次也不会准时。

（《论专业》德间书店）

在这次采访之前，20世纪80年代中期，秋元康先生也掀起过一场"小猫俱乐部①"的潮流。

事实上，秋元先生从来没有改变，一直在坚持做同一件事。社会虽然在变化，同样的潮流依然会卷土重来（与前一次的区别或许在于，这次的构造令其生命力更为长久）。

---

① 小猫俱乐部（おニャン子クラブ）：1985年成立的日本大型女子组合，1987年解散，总制作人为秋元康。

当时的我为何能从秋元先生口中问出上面那些话？理由很简单，因为我态度认真，且厚着脸皮、直截了当地问他："怎样才能制造流行呢？"事实上，能直击主题的提问者或许并不多。

真诚与否，从表情与举止就能看出

据说收录了这则报道的书，销量超过了40万本，秋元先生把书送给我时还说："这本书卖得很好哦。"

报道之初只是连载于招聘周刊，但我每次采访都竭尽了全力。

我在二十几岁的时候转职失败，没了工作，走投无路，才成了自由职业者。所以很想知道所谓的成功究竟需要什么条件，也想知道我的二十几岁与成功人士究竟有何不同。

事实上，报道连载期间，我也收获了一些好评，并逐渐发现，我之所以能问出意外的答案，只是因为态度足够诚恳，对方便也答得诚恳。采访者究竟是为了完成任务，还是真想问出些什么，被采访的人心里一清二楚。

我年轻的时候，还没什么采访技巧，提问磕磕绊绊，偶尔还会口不择言。但也正因如此，才能不加掩饰地问出"怎样才能成功""怎样才能成为有钱人"之类的问题。

比提问水平更重要的是，让对方明白你提问的意图，然后努力面对，认真聆听。

后来的采访经验告诉我，一个人真诚与否，会完全体现在他的表情、举止之中。的确，是否真心对一个人感兴趣，真心想了解对方、问出些东西，采访结果最终对谁有利……都是能看出来的。

最重要的就是提问的态度。再怎么磨炼表面技巧，如果采访时心意不诚，也无法得到想要的答案。心诚与否，是肉眼可见的。

重点：心诚与否，对方完全能看出来。

拼命释放"一定要问出点什么"的信号

被著名漫画家评价为"与众不同的采访"的原因

诚心发问。总之，要尽全力去问。拼命释放"一定要问出点什么"的信号。确保一切为了读者，在此基础上发问。只要怀有这种"信念"，就能有所作为。我自己有过相关经验。

名人及成功人士中，不少都接受过大量采访，与各种各样的媒体打过交道，回答了不计其数的问题。

很多采访，提的问题都大同小异，名人们虽是为了工作接受采访，多少也会心生厌倦。

下面的事发生在约20年前，我采访某位知名漫画家时，刚好碰上了上述情况。初次见面的寒暄，对方一脸疲惫，接过我的名片后，并未回赠他的名片。

或许他心里对这次采访并不抱期待，觉得跟平时没有两样。

但采访开始后没多久，他的状态就发生了变化。我还是跟往常一样释放出强烈的"信念"，大概是这份信念顺利传达给他了。他的身体逐渐前倾，脸色开始红润，言语间也有了热情。

这次采访的结果也相当不错。当我把笔记本、资料收进包里，庆幸今天的采访也很顺利时，对方突然叫住我。接着，这位漫画家走到置物柜前，从包里取出自己的名片，递给了我。就这样，我在离开之际得到了采访之初没能获得的名片。

这实在叫人欣喜。在入行初期，我认为得到对方的名片，就意味着受到认可。

几天后，我把写好的稿件发给编辑，再由出版方发给漫画家确认。据编辑说，漫画家用传真发回稿件时，附上了他笔下人气角色的画像和一句话："遇到了久违的好作者。"这件事令我记忆犹新。

以热诚"信念"为契机诞生的热销作品

还有一次采访给我留下了深刻的印象。对方是著名外资企业的社长，也是大企业在日本的首席法人代表。在查找资料阶段，我拼命翻找，也没找到几篇相关报道，心想，难道他讨厌采访吗？

这次的任务，是要写出一篇万字以上的稿件，采访时间只有

40分钟。理想情况是包含摄影在内，能安排两个小时，实际情况却很严峻。看着对方的资料，我总觉得他严肃无比，心里也做好了苦战的准备。

实际一见，对方确实气场强大、给人以压迫感。直面他也着实令人紧张。公司的宣传部部长也在现场，室内气氛紧张，但我不能胆怯。只有短短40分钟，必须一针见血地直入主题。

此时我拥有的，也是那份强烈的"信念"。诚心发问，发自内心地挖掘对方的真实想法，确信这会给读者带去有益的结果。就这样不断提问，再根据对方的回答继续发问。其间，社长突然叫了宣传部部长的名字，问他："采访之后还有别的安排吗？"

宣传部部长说"没别的事"，社长便对我说："这次采访很有趣，超过40分钟也没关系，我们继续吧。"

最后，整个采访用时约两个小时，达成了从未有过的长采访。收录这次采访报道的书也成为热门作品，销量约十万册。

采访时的技巧当然重要，但更能打动人的，还是"信念"。除了前面两次经历，我还有过许多类似的体验，也深刻意识到"信念"的不可或缺。

只要心诚，就会反映在态度上。如果真心求解，也会体现在举手投足之间。如果对方给出罕见的回答，你却面无表情，采访绝不可能成功。必须倾身向前，侧耳聆听，认真点头，做到这几点，就能把态度传达给对方。

重点：情绪会表现在态度上、举手投足之间，以及你的反应中。

引出真心话靠的不是计谋或心理战术，而是共鸣

"引导式沟通"中不可或缺的共鸣设定

或许有人觉得，只要能从对方口中挖出劲爆内容，做什么都行。为了达到目的，会故意惹怒对方、竭力吼叫，或者干脆一味逢迎。也就是所谓的周旋策略、心理战术。

但我做不到，也不打算这样做。理由很简单，我不想违背对方的意愿。幸运的是，我从事的工作也不必如此。

如果站在受访者的立场，一定会想，为什么自己必须遭受如此待遇？采访的人为了话题度，竟然要做到这种地步吗？

我认为，受访者想要的，其实是"共鸣"。我强烈的"信念"自然是出于我的探索欲。另外，也是想把问出的内容传达给读者，让读者有所收获，一起分享我用心完成的采访成果。抱着这种信念，就能防止失败，走进一流人士的内心。

只有当受访者对这种"信念"产生共鸣，才会放下戒备，敞开内心，吐露前所未有的内容，改变外界对他们的印象，或是享受交流的过程，心甘情愿地延长采访。

因为对你的信念产生共鸣，对方才能在采访初期确信你不会算计他们、不会搞心理战术、不会无所不用其极地引出他们不愿透露的内情。

说到底，如果我提问只是为了满足自己的利益和欲望，对方是不可能坦诚相告的。

从这个意义上来讲，交流时如何建立共鸣也很重要。

顶级销售人员为何能从顾客口中问出重要的私密内容呢？因为他们传达给客人一个信念：自己所做的一切都是为了顾客的利益，为了让顾客获得幸福。

客人接受了这种共鸣，销售行为才得以成立。

让三宅裕司先生倍感意外的提问

在进行销售、做演讲，或上下级的对话中，如何建立这种"共鸣"呢？关键在于，引出的话题能否实现双赢。

当对方意识到，你问出的内容对他们也有利，就会立即转变想法，配合地回答。

只要抱有这种意识，让对方觉得这件事能达成双赢，他们自然会尊敬你。要点在于，目的性不能太强，要体谅对方的状态。

比如采访出演某部电影的演员。一方面，被媒体采访，对电影的宣传有利；另一方面，采访到知名演员，也能提高媒体的关注度。但仔细一打听，演员一整天都在接受同类采访，从早到晚，不同的媒体进进出出，15分钟一轮换，或30分钟、1个小时一轮换，可想而知，接受采访的演员定会疲倦。况且每家媒体都问了与电影相关的内容，如果轮到我时，也是同样的问题，对方肯定毫无兴致。

因此，我会有意识地从别家媒体绝不会问的内容开始提问。类似的采访，给我印象较深的有三宅裕司先生。采访时间在傍晚，他应该也已疲倦。

这时，我故意没有提及电影，而是问："您为何选择从事这份职业呢？"闻言，对方的脸色迅速转晴，饶有兴致地跟我聊了起来。想必其他媒体的人都没问过这个问题吧。

我至今依然谨记，采访时要体谅对方的状态。

重点：时常注意，创造出能取得双赢的环境。

请教乃一时之羞，不问乃一生之耻

保持"不懂所以请教"的姿态

想要对方敞开心扉，有以下方法。其一，是让对方意识到，你拥有与之水平相当的知识储备，能够充分理解接下来的对话。

这种方法是可行的。如果你能充分理解对方说的内容，给出恰当的回应，对方也能安心地推进话题，不断深入。

但这样做是有风险的。因为你很难弄清对方究竟需要被理解到什么程度。

举例而言，如果采访对象是位博士，想谈一些博士水平的话题，你就必须拥有同等的学历。即使要求不那么严格，你也很难证明自己的水平。

事实上，如果对方以为你懂，于是说出一连串你不懂的内容，对话就很难继续下去。

这种情况下，还有个方法能让对方畅所欲言。那就是摆出

"我不懂，请给我讲讲"的态度，谦虚地发问。

当然，采访前必须做足准备，尽可能地理解对方，但实际采访时要秉持不懂的态度。即使懂了，也要装作不懂。

站在对方的角度看，虽然与水平相当的人交流令人愉快，但给不懂的人讲解也不失为一种乐趣。让人理解自己重视的东西，何尝不是件令人愉快的事呢。

况且，越是知识渊博的人，越能用简洁的语言讲解复杂的问题。研究最先进技术的超一流科学家讲起知识是很浅显易懂的。后面我还会提到，在我采访一些科学家，撰写《我们的疯狂☆工程师主义》[①]（讲谈社/中经文库）连载专栏时，也有过切身体会。

不懂装懂是引导式沟通的大敌

反过来，有件事决不能做。就是不懂装懂。

展示自己的无知，确实令人羞耻，或许还会因此被人轻视。所以有人伸直脊背，佯装什么都知道。

---

① 专栏名为"我ら"クレイジー☆エンジニア"主義！"（《我们的疯狂☆工程师主义》）。

但这样一来，对方不仅不会为了让你理解，使用通俗易懂的话语，反而会在对话中意识到，"原来这个人根本听不懂"。你的可信度也会一落千丈。

鉴于此，即使有所了解，也不妨假装无知。

据说名记者田原总一郎就是以这种谦逊姿态进行采访的。假装无知，实际却心思敞亮，不断提出尖锐的问题。

通过这种提问方式，他总能问出独具一格又引人入胜的访谈内容。

我虽然没有那种高超的技巧，但也学会了保持谦虚的姿态，凡事多请教。就这样，也结交了许多朋友。

例如，索尼的前任CEO出井伸之先生。

在我为月刊杂志的连载专栏撰稿时，编辑曾告诉我，干这行要掌握各方面的知识，像经营、酒类、歌剧，等等。可我就算知识再丰富，也无法与索尼公司的高层人物相提并论。

所以我直接摆出"不懂就问"的姿态，完成了这次的采访。连载持续了五年，我的确从中受益匪浅，之后也承蒙大家关照，不时有工作上的往来，其中一些聊得来的朋友至今也会偶尔见面吃饭。

我认为，不懂并不可耻。经过这么多年的采访，我深切体会到自己的无知。

世界深邃辽阔，而我何其渺小。

当然，我们要尽全力去求知，在此前提下，即使有不懂的东西，也是理所当然的。

重点：比起不懂装懂，"不懂就问"的姿态更能引导出好的话题。

引导过程中最有利的武器是"向对方展示事前调查的努力"

事前调查到什么程度为好呢

虽说采访前无须面面俱到，但也必须努力掌握基本信息。如果在正式交流里问出稍加搜索就能查到的东西，很可能让双方陷入尴尬的局面。

例如，到某家公司做采访，见到相关负责人，不能张口就问："贵公司是何时成立的？"因为这类基本信息，在公司网站上就能找到答案。

现代社会，什么都能在网上查到。一旦确定了采访对象，就得进行充分的调查准备。

如果对方是公司相关人员，就去翻看该公司的网站，或搜索与该公司相关的新闻，看看要采访的人是否接受过采访，搜索关键词为："对方姓名 采访"。

很多人虽然会研究公司网站，却不懂更进一步。翻看公司网站当然重要，但网站是由公司单方面发布的信息。

要想客观把握该公司的形象，最好在网上搜索相关新闻和报道。这家公司在社会上给人什么样的印象、受过什么样的评价、有什么特点、在业内占据怎样的地位，类似的内容，通过新闻、报道更易获取。

另外，除了公司单方面发布的信息，还可以以社长为中心，找找社内主要成员和优秀员工接受采访的相关报道，这对了解该公司文化也很有帮助。

以上，是我出门采访前必做的功课。虽然我也会读公司发布的信息和受访者本人的著作，但还是会上网找一些客观视角的新闻、报道作为补充。这样一来，对公司和受访者的了解也会更加全面、立体，也更能把握社会的风向（我把这叫作"市场观"）。

只要有共同的熟人，就能让对方信赖感倍增

此外，浏览相关新闻，也有助于思考采访时要提的问题。这部分下个章节会具体说明。总体而言，已经被报道过的内容、大众早已知晓的内容，就没有再问的价值。

相对地，要问出独家内幕，就要充分理解已经成文的东西，

抓住其中的突破口，询问对方"某篇报道里写了这样的话，究竟是怎么回事呢"。

这样一来，对方就会觉得："这个人调查得相当仔细啊。那我再深入说说吧。"

实际面对面采访时，还可以把事先调查时所看的资料、文件打印出来，做好笔记，与贴满便笺的书一起放在桌面，刻意展示给受访者看。

见到书里贴的大量便笺，对方肯定会惊讶："竟然看得这么仔细。"

此举的意义在于，让对方明确知道，你为这次采访做足了准备。同时是在告诉对方："要多说点新鲜内容哦。"

线上采访时，很难像上述那样争表现，但可以记下一些重要信息，比如"社长在商品开发会议上提出了这样的创意"。

采访期间，待对方提到商品开发的话题，就立刻抖出事先记录的信息："社长，您好像提出过这样的创意吧？"我这样做的时候，有受访者讶异："你竟然还知道这种事？"想来也对我刮目相看了。

前面说过，线上交流尤其难以获得对方的信赖，因此要用尽一切可能的办法。有一次，我要采访化学制造业的一家大公司社长，事前，我想起大学时代的朋友在那里工作，就联系了他。

抱着仅存的希望一打听，他果然当过那位社长的下属。承蒙他帮忙，在采访前日直接打电话给社长说明了情况，采访当天，社长主动提起："据说你和某某是大学同学呀。"对话得以顺利开启。

托朋友的福，采访全程气氛融洽。因此，只要能找到与采访对象有联系的朋友或熟人，就事先联系对方吧。仅仅是拥有共同的熟人，就能与采访对象建立亲近感、信赖感。这也是一种有效的准备。

不过，在日常对话中，最好不要提"我认识某某""某某和我有共同的朋友"，因为这样会显得你爱夸大和炫耀，所以要尽可能地避免。

重点：事先阅读新闻等客观报道。

做笔记的重要性

笔记不只能代替记忆

在沟通过程中，要让对方对你产生信赖感，进而敞开心扉，还有个行之有效的办法，就是做笔记。把对方说的话记在本子上，无疑会给人留下好印象。

比如，上司说了句很有道理的话，一个下属掏出笔记本记录，另一个下属只是默默地听着，在上司心里，谁留下的印象更好呢？

以前，我采访过一位人称"笔记狂"的大公司社长，据他说，之所以变成笔记狂，是因为年轻时，客户公司的负责人给他上过一课。

经验丰富的负责人上了年纪，很快就要退休，离职前曾拉住他，说有事要嘱咐。谈话过程中，负责人的话题渐渐偏离工作，延伸到各个方面，即便如此，这位社长也勤奋地记着笔记。

负责人见状十分开心，对他说，我不是什么大人物，你却拼命记录我说的话，这是对我工作的赞许和鼓励，希望你能继续保持这个习惯。

从那时起，社长才意识到，在人前做笔记会让对方心情愉悦。后来，无论去哪里工作谈事，他都勤奋地掏出本子做笔记，据说连下属和后辈的话也会记录下来。

自己说的话能被上司记录下来，下属想必也会吃惊，并感到受宠若惊吧。此外，下属也不可能讨厌这种上司。正是这样事无巨细、认真工作的态度，他很快就晋升到了社长的位置。

这件事说明，做笔记绝对是有益无害的。因为会给对方留下好印象，而且也没人会讨厌记录自己言谈的人。记下别人所说的话，别人也会认为你工作严谨、不会出错。

我外出采访时，一定会录音。虽然事后再听录音就能知道对方说了什么，但在现场还是会勤奋地做笔记。因为做笔记能给人留下好印象，我是有意为之。

最好是七分抬头注视，三分着眼笔记

现代社会，用电脑办公的时间越来越多，也有不少人会直接用电脑做笔记。但我并不太推荐这种做法。因为我也接受过采访，见过别人用电脑做记录，说实话，给我的印象并不好。

或许有人会说，"现在都什么年代了，你说什么呢"，但容我再重复一下，对你做出评价的是受访者。如果对方是中、高龄人士，最好避免用电脑做笔记。尤其不要用智能手机做笔记。

理由很简单，对我们这个年龄层的人来说，这种行为会引起反感。如果在与人谈话时使用手机，对方可能觉得你在处理私事。这或许是一种偏见，但没办法，对方就是有权评价你。

笔记要用笔写在本子上。对中、高龄人士而言，这是理所当然的（或许，年轻人未必这么想）。

除此之外，还要注意，记笔记的时候不要一直低着头。要把头抬起来，视线看向对方。偶尔低头看笔记本。如果一直低头记录，也会给人留下不好的印象。

采访期间，全程注视对方也不好，因此需要记笔记。记笔记的时候，视线会自然移开，做出缓冲。虽然每个人习惯不同，但我建议用六七成的时间抬头看对方，三四成的时间低头做笔记。

顺带一提，做笔记也是给对方的一种提示。如果对方说话时跑题，或说了什么你不想听的东西，就可以停下笔，抬头看对方。这个行为表示，你对这些内容不感兴趣，是一种无言的信号。我偶尔也会用这种方法做出暗示。

重点：做笔记能给人留下好印象。如果受访者是上了年纪的人，不要用电脑做笔记。

从"爆笑问题"组合成员太田光先生口中问出答案的秘诀

拒绝先入为主的观念

我们一般认为,名人大都谦虚,且有旺盛的服务意识,但也有不好打交道的,也就是所谓的"刺儿头"。

很多时候,这种性格也是他们扮演的角色。在综艺节目里能说会道的搞笑艺人,实际接受采访时不发一言,这种情况也很常见。反过来,在电视上冷淡、说话带刺的人,实际也可能坦诚无比。

因对方性格而给工作设限,是做不好采访的。这种时候,切记不要有先入为主的观念。

真麻烦啊、可能不妙、好难啊……只要你脑中有了这些闪念,对方立刻就能意识到。没人会喜欢不想跟自己打交道的人。

还有一点,抛掉私心。对我而言,采访就是为了给读者送上精彩报道，此外再无其他。

所以，必须贯彻"为读者传递信息"的角色。进一步说，就是要站在读者的立场提问。

如果你是销售人员，就要仔细思考，自己卖出的产品最终能让谁受益。

如果产品能让顾客受益，他们一定也乐意购买。你只需堂堂正正地提出建议就行。为此，必须先倾听客户的需求。这就需要引导能力。

如果在这种时候凸显自我，一味争表现、争业绩，就会弄巧成拙、陷入苦战。对方就能敏锐捕捉这个瞬间。普通手段对他们行不通。

所以，必须抛掉私心。只要你打从心底里觉得这是工作，不是出于私欲，无论遇到什么样的人，都不会害怕。

站在对方容易理解的角度提问

还有一次给我印象较深的采访，受访者是"爆笑问题①"组合的太田光先生。说到太田先生，他以性格古怪的人设闻名，获得

---

① 爆笑问题：日本搞笑艺人组合，节目主持人。成员为太田光、田中裕二。

了广大观众的喜爱。此外，他还相当了解政治问题，时常对复杂议题提出极具洞察力的见解。

我采访他时，正值东日本大地震之后。福岛核电站事件的走向尚无定论，社会舆论十分混乱。虽然我想请太田先生就此发表一些看法，但采访进展并不顺利。

现在我只记得，他的警戒心很强。毕竟是名人，如果说错了话，很可能会引起风波。虽然我意不在此，但他没有立刻对我放下戒心。

这种时候，很容易因焦虑而心急，使出浑身解数，试图让对方说出有意思的话。但"引出对方的有趣言论"本来就是采访者的私心。

因此，我采取了另一个角度，告诉他，我是为读者而来，提的问题也是站在读者立场。

"您认为，普通读者眼下需要了解哪些信息？"

"这种时候大家要做些什么？"

"如果有读者站在这里，您会对他们说些什么？"

这些问题成功地让太田先生放松了警惕，接着讲出不少内涵深刻的宝贵想法。

站在我的职业立场，就是为了读者，如果是其他职业的人，可以想象你提供信息的对象。如果是销售人员为顾客做咨询，为了提出更好的方案，可以站在技术人员的角度思考。如果是上下级之间的交流，下属可以想想自己负责的客户，站在客户的立场提问。

有些人乍看不好相处，实际也能与人良好沟通，并非外表看上去那么棘手。只是要撬开他们的内心有点难。所以，不要因此心生怯意。

重点：只要摒弃私心，就没什么值得害怕的了。

适用于所有人的"撒手锏"问题并不存在

花些时间彻底理解对方

在交流之中，要重视与对方建立"共鸣"，但要注意一点，不要对回答抱有过高的期待。

比如你要采访一位名人，想必会觉得机会难得，一定能问出些金句名言。

但希望越大，倘若对方没达到预期，你就会沮丧失望。这种情绪又会反映在你脸上。这样一来，对方知道你失望了，现场的气氛也会因此变差。

说到底，想问出精彩内容，只不过是采访者自身的愿望。仔细想想，这种愿望增强到什么程度，才能与对方建立共鸣？再想想共鸣的基础，怎样才能让对方敞开心扉，对你畅所欲言？

下章会具体讲如何提问。总有人问我："有没有百试不爽的'撒手锏'问题？"答案是没有。况且也根本不存在适用于所有人的问题。

每个人都有不同的背景，根据这些背景，才能提出一针见血的问题。要找到这个问题，必须理解对方，否则就问不到点子上。

从这个意义上来讲，最重要的是彻底理解对方。彻底理解对方想说的话，弄清话里的意思，从中明白对方的意图。这样一来，对方就会欣然回答你的问题。

要知道，走到这一步，需要花费相当长的时间。所以不能急躁。如果采访时间有限，只要在规定时间内问出好内容就行。

过度彰显自我只会起到反效果

还有一种行为必须杜绝，就是过度彰显自我。虽说为了获得对方信任，需要给人留下好印象，但只要做到基本程度就好，否则过犹不及。毕竟你只是提问的人。

有人会拼命夸大自己的能力，企图给人留下好印象，这不仅无用，还会产生反效果。

如果过度自夸，对方一眼就能看穿，也不会再信任你。

重要的是，你为什么抱有强烈的"信念"。要把这种"信念"传递给对方。让对方对"信念"本身产生共鸣。而这与你的形象无关。

虽说我已经出版了不少书，外出采访也有受访者认出我，但在20年前，我还是个无名之辈，十分渺小，也没什么能力。

不只如此，当时我供稿的媒体并非有名的经济杂志或周刊，而是某二流招聘杂志。即便如此，我也能在采访中引出各种有趣的对话。

回想起来，或许正是因为当时所在的媒体只是二流，我也籍籍无名，才能大胆提出那些问题，对方也能大胆作答吧。

其实，渺小、二流未必是坏事，甚至可能是有利因素。所以完全没必要自惭形秽。

重点：没有适用于所有人的问题。

面对性格强势的交流对象该如何

"吓人"也是对方独特的个性

人和人之间确实存在脾性是否相投的问题。有人初次见面就很投缘，有人初见就散发出难以接近的气场。这是无法改变的。

想从对方口中引出有趣的对话，一定不能给任何人贴上"棘手""难对付"的标签。前面讲"刺儿头"的一节也曾提到，一旦冒出消极的念头，对方立刻就能感知到。

如果有人对你释放出"跟你打交道很棘手"的念头，你还会愉快地与他交流吗？想必不会。

托客户的福，我时常被点名要求去采访一些"难对付"的人。

也有人对我倾诉："老实说，那位社长有点吓人。"实际一见，确实吓人，简直像一不留神就会被呵斥似的。

但我觉得，很少有人故意摆出吓人的模样，这会叫人难以接近。如果一个人难以接近，就不可能获得任何外来信息，这对工作不利。

换句话说，"吓人"是源于那人的性格与社会经历。即使面色如常也很吓人。"吓人"毋宁说是种个性。这样一想，就能寻常应对了。从事与人打交道的工作，最有趣的一点就是，能体验人的多样性。世界上真的有各式各样的人，每个人都不一样，没有完全相同的人，大家各有特色。正因如此，才妙趣横生。

平时多跟各种类型的人打交道

从职业的角度出发，遇到少见的性格类型，我就会心生好奇。"这个人为什么会这样呢？"抱着这种疑问，开始观察对方。

如果遇到令你感觉棘手、可怕、麻烦的人，试着用观察的目光看待对方。

这个人为什么会这样？是什么让他/她变成了这样？这种人能让下属信服吗？员工们怎么想？他/她的家人是什么样的？……

不只可怕的人，还有絮絮叨叨纠缠不休的人、焦虑的人、总是皱眉头的人、喜欢卖弄学识的人、阴阳怪气的人、冷漠的人……都可以成为你观察的对象。

奇妙的是，一旦把某个人视为观察对象，他/她给你的感觉也会焕然一新。可怕的人不再只是可怕。你会开始好奇,如果提出这样或那样的问题,他/她会怎样回答呢?

这个人是用什么方法,什么行为让人感觉可怕的。如此一来,对方的一举手一投足都吸引着你,说的每句话、连带声调高低也让你倍加关心。

最终,"我对你很感兴趣"的念头就会传达给对方。在工作中,没人会讨厌对自己感兴趣的人。因此,对方对你的印象也会变好。哪怕他/她是个可怕的人,也会配合你的工作,回答你的问题。

我就是这样做的。想来,能够直率提问的人并不多,有时,我的问题能让身旁编辑惊出一身冷汗,但受访者却很自然地回答了,甚至觉得颇有意思(实际上,我曾被大家认为可怕的名人邀请工作后一起用餐)。

另外,为了不给任何人贴上"棘手"的标签,可以尝试在日常生活中多接触不同类型的人,与之交流。无论年龄、人种、国籍。

人的类型实在是丰富多样,各具特色。如果遇到令你好奇的人,不妨当作一次新的邂逅,对其展开观察吧。

重点:遇到性格奇特的人,就将其视为观察对象。

第三章

学会"引导式提问"
实践篇 Part 1
——"引导式沟通"开始于"对目标的说明"

破冰行为是否必要

对方未必想聊日常或杂谈

我有位相熟的企业家，曾跟我一起到国外出差，并就采访一事对我抱怨：

"有的记者明明是来采访，却在一开头跟我聊天气，简直令人难以置信。"

用这位社长的话来说，做生意的人，一分一秒都很宝贵，不想浪费在天气这种无聊的话题上。记者用这个话题作开场白，也给他一种不被尊重的感觉，他会怀疑这个人不专业……

那位记者想必没有恶意。大概是觉得，一开场就直入主题有些突兀，所以想用闲聊破冰（缓和现场的紧张气氛，营造轻松的聊天环境），刚好那天天气不错，就直接拿来作为话题了。

不过，我觉得这种做法不太可取。如果是对方主动发起话题倒无妨，但很少有人希望如此。

要知道，受访者是在百忙之中抽出时间接受采访的，不可能配合你随随便便扯出的话题。

也许你认为破冰行为能帮助双方顺利进入对话，但这是一厢情愿，对方很可能并不愿意。

除了天气，还有股价、社会状况、热点事件等。不少人认为破冰行为有助于放松情绪，进入对话，但我觉得大可不必。

首先，天气、时事等话题本身难以持续。时事话题也不适合摆到桌面上谈。

如果是跟了解自己的家人、朋友聊天还好，但面对不熟悉的人，很难吐露真实的想法。

另外，就算针对时事发表各自的看法，话题也很难扩展，无法衔接到下一个问题。

线上交流可从背景中寻找话题

除了日常闲聊，也有人把对公司的评价作为开场白。这类对话也无法持续。"贵公司真气派啊""入口修得真大"，听到这类平淡无奇的评价，对方也不知道作何反应。

不仅如此，对方可能还会觉得你实在没话可说，才随便敷衍两句，又或是认为你在浪费时间。

除非对公司的评价能过渡到下个问题，效果会大不一样。

"刚才在您办公室看到的×××，请问有什么来历吗？"

"这栋楼设计得真是漂亮啊，不知是哪家公司的手笔？"

"贵公司的环境真是通透啊，阳光直接倾泻入内，是出于什么特殊的考量吗？"

不必想着破冰，如果确实对某些事物感到惊讶、赞叹，就像上面那样，把感想转化为问题，再抛给对方。这是可行的。

反过来，如果对方所处的办公环境一看就令人惊奇，你却不作任何反应，也难保不会令对方失望。

顺带一提，我采访时，除非特别需要（或聊两句更好），几乎不会跟对方闲谈，直接就进入主题。这其实并不影响采访质量，对方也不会因此困扰。

不过，线上沟通的情况就难说了。因为线上沟通是静止不动的，双方也不会交换名片，没有任何当面交流会出现的"停顿"。遇到这种情况，如果气氛实在僵硬，可以聊一聊"背景"。

"您现在是在哪里呢？""那张照片是哪里呀？""用这个做背景，有什么特殊意义吗？"……很多人其实都在聊天背景上花了心思。对此提问，可以在无形之中缓和气氛。

重点：不要闲聊。可以把感想转化为问题。

为了保证沟通的顺畅，应当"留足时间"

事先计算从公司大门走到办公室的时间

为了给交流对象留下好印象，顺利进入交谈环节，必须留足时间。虽然这一点理所当然，但很多人都没有做到。

因此，我才会为了采访四处奔走，但要是卡着时间点才匆匆到场，喘着粗气乘上电梯，一边掏出手帕擦汗，一边跟对方打招呼，是不可能给对方留下好印象的。

如果要访问的公司在高层建筑内，还有前台登记、坐电梯等流程，这也是要花时间的。所以，计算到达时间时，要把各个环节都考虑进去。

不同的地点，所需时间也不一样。有的大公司从入口到办公室要花十分钟。如果你好不容易才跟忙碌的企业家约好采访时间，却没能按时到达，就会在对话开始前给人留下极差的印象。

因此，如果约在大型建筑物内见面，要提前掌握入口到办公室的距离及需要的时间。如果实在不清楚，就提前到达。总之，要预留充足的时间。

有人会觉得，稍微迟到几分钟也无妨，但要记得，评价你的始终是对方。确实有人不拘小节，觉得迟到几分钟无伤大雅，但也有的受访者极其厌恶迟到。

事实上，我就是后者。如果有人跟我约好时间却迟到，仅凭这点，我就会觉得对方不可信。所谓以小见大，一件小事都做不好，很可能意味着这个人性格散漫。第一次还能酌情原谅，第二次就没有商量的余地了。在这个问题上，很多人的想法跟我一样。

约好时间却迟到，不仅会扣印象分，严重的还会被扫地出门，连采访也泡汤。因此我时刻谨记守时，不让这类小事阻碍后续交流。

就我而言，一般会比预约时间提前20—30分钟到达约定地点。夏天容易出汗，我会更早一些到达，有时不坐电车，改为开车前往。

总之切记，不要让对方质疑你，也不要因为微不足道的小事让对方心生不快。

线上会议应事先确认摄像头功能是否正常

线上交流也是一样的。一般可以比约定时间早五分钟进入线上会议室等待。此前一定要确认设备设施连接正常。我的电脑有时会出现摄像头一片漆黑、无法启动的状况。

因此，要提前预演一遍，确认摄像头可以使用。实在无法启动，就换成备用的笔记本电脑。

如果无法进入事先约定的线上会议室，后续会非常麻烦，所以要尽量避免这种情况。提前五分钟进入，放松心情等待。

如果担任线上会议主持的是自己，更要引起重视。有一次，会议即将开始，我却没能进入主办方开设的会议室，屏幕上一直显示"正在等待主办方开启房间"的字样。

我立刻联络了对方，发现主办方的编辑进了另一个房间。而我和受访者都没能成功进入约定的房间。

原来是编辑一时糊涂，搞错了顺序，进了下个日程的会议室，还在奇怪怎么没人进来，就接到了我的电话。编辑一个劲儿道歉，说如果我没打电话过去，就得一直等下去了。

线上交流很容易出现类似状况，因此每个步骤都要提前确认，早发现，早解决。这一点要铭记在心。

重点：线上会议要提前五分钟进入会议室等待。

让对方看出你对时间有合理的安排

感谢对方花时间与你沟通

读者们或许能想象，我采访过的许多名人都是超级大忙人。其中真的不乏以分钟计划日程的企业家。

我有幸见过一位企业家的工作日程，就连两个会议之间仅有的几分钟，也见缝插针地安排了其他预约事项。实在令人吃惊。

这再次让我意识到，我的采访占用了对方宝贵的时间。机会确实难得。

因此，在见面打招呼，或采访开始前，我都会说一句"占用了您宝贵的时间，非常感谢"。

这句话里包含了两个信息。第一，感谢您留出时间给我。第二，我明白您的时间宝贵。

任何人的时间都是重要的，不限于忙碌人士。因此，意识到自己在占用别人的时间这件事很重要。如果把别人付出的时间视作理所应当，或随心所欲剥夺别人的时间，是很难取信于人的。

事实上，大部分人都珍惜自己的时间。因此，向对方传达"我也明白这一点"极为重要。说得更明白点，这句话意味着：我会尽力高效使用您的时间，不会超时。

解下手表，放在桌上

要传递上述信息，还有一个方法，就是解下手表，放在自己面前。至少就我而言，没有时钟就无法掌控时间。

采访现场的房间里或许会有时钟，但我坐的位置不一定能看清楚。而且，如果遇到富有设计感的时钟，会很难辨认时间。

另外，时不时抬头看挂在墙上或放在柜子上的时钟，也会给人不好的印象。

对方不会觉得你是在控制采访进度，反而可能认为你很在意时间，想早点离开，也难免对你质疑。

不停看手腕上的表也是一样的道理。不自觉地抬手看时间，这个动作有时很扎眼，尤其当对方正集中精力与你对话时。

发现你在看手表，对方可能会想：这个人赶时间吗？如果对方心思敏感、为人体贴，甚至会直接问："你还有别的事吗？时间来得及吗？"这种情况发生的概率也不小。

为了避免出现此类情况，可以把手表解下来，放在桌面。

这样就能趁低头查看资料、做笔记的时候，顺带看一眼旁边的手表。

在交流深入的同时，也能充分把控好时间和节奏，让对话在约定时间内结束。这样一来，对方也会感到放心。

下章还会细讲，为了让受访者心里有数，最好在采访开始前就告诉对方，接下来一个小时内想聊哪些内容。这样做，能让对方掌握采访进度，知道哪些重要问题还没有谈到。

我也接受过采访，如果对方能在约定时间内结束，我也会更加放心，继而给予更多信任。

顺带一提，线上交流时，我会在对话初期再次确认采访时长，以此表明我会充分利用每分每秒。

重点：解下手表，放在跟前。牢牢把控时间。

为什么因戴口罩而不做表情管理的人越来越多

人们是通过眼神来读取对方的表情与真实想法的

我采访过一位礼仪老师，对方的一句话曾点醒我：随着新冠肺炎疫情的感染人数增多，戴口罩成了习惯，因此不做表情管理的情况也越来越普遍。

没有人愿意给别人留下糟糕的印象。如果不戴口罩，人们是通过整张脸给人留下印象，所以很少有人愁眉苦脸。

如今习惯了戴口罩，人们大都觉得"反正没人能看到我的脸，做什么表情都无所谓"。

照理说，戴了口罩确实不会被看到脸，实际却未必。俗话说，"眼睛比嘴巴更会说话"，我们的眼睛往往藏不住秘密。

如果以为有口罩遮掩，就不注意表情管理，面部就会显得僵硬，并波及眼神。旁人虽看不到你的脸，却能从你的眼神里读出表情的生硬。

眼下，戴口罩成了当面交流的前提，如果习惯了线上交流，或许反倒觉得当面交流更难。

如果面对面无法看清对方的表情，也很难捕捉话语中的微妙含义。比如，对方笑着说话时，带有玩笑的意味；对方表情略微严肃，就隐含消极的意味。

即使说的话一样，话里的微妙含义也未必相同，因此需要结合表情，才能正确理解说话内容。但戴了口罩，是无法做到这点的。

自从听了那位礼仪老师的话，我意识到，只要看对方的眼睛就行。虽然口罩掩住了嘴巴，眼神却不会撒谎。因此，只要认真读取对方的眼神，就能理解对方话里的真意。

只靠眼神和声音也能传达细微的想法

还有一点很重要，也是礼仪老师告诉我的，那就是声音。眼神会泄露表情，声音也一样。举例来说，愁眉苦脸的人，发出的声音也带有愁苦的色彩。

另外，笑着从口罩下发出的声音也会带上笑意。礼仪老师说，这叫作"笑语"。只要意识到这种"笑语"，就能发出欢快的声音，给人留下好印象。

即便戴着口罩，也要维持良好的表情。记得面带微笑。这会通过你的眼神与声音传递出去。

在新冠肺炎疫情影响稍有缓和的时候，我接到一个委托，担任"天才赛马手"武丰先生与CyberAgent社长藤田晋先生的对谈主持。因为对谈过程中要拍摄，武先生、藤田先生都按主办方要求拉开了距离、摘下了口罩。

我与他们也保持着适当距离，但没有摘口罩。最后，在这场双名人的对谈中，我只能戴着口罩进行采访。

我常在杂志的对谈栏目担纲主持，既然流程由我掌控，就不能让这两位初次见面的大人物有所顾虑。我事先准备好了问题，分别对他们提问，又请双方针对对方的评论做点评。按照这个节奏，层层推进对谈的深度。

大人物之间的对谈，不时会出现精彩的连锁反应，对流程的把控要比普通采访更难。

在这个过程中，我刻意让自己忘记戴了口罩这件事。

就这样，仅凭眼神和声音，也传达出了各种微妙的信息。口罩下的表情一刻也不曾松懈，就跟没戴口罩一样。

虽然我戴着口罩，但在面对武先生、藤田先生时，仍旧坦诚地直视他们，提出问题，他们也认真地直视我作出回答。最后，对谈的效果令人满意，负责该项目的编辑也很高兴。

以至于最后这期杂志的销量也取得了一个令人满意的成绩。

必须记住，即使戴了口罩，别人也能读出你的表情。

重点：即使戴了口罩，对方看不见你的表情，也要保持笑容。

无论面对面还是线上交流，都要吐字清楚、声音洪亮

戴着口罩说话时，嘴巴要比平时张得更开

戴着口罩与人交流，还有一点需要注意。因为戴了口罩，无论说什么，都给人一种闷闷的感觉，所以嘴巴要比平时张得更开，以便发声清晰。

我说话语速较快，有时候一说一长串，因此也需要控制语速，尽量放慢节奏，否则对方很可能听不清楚。

此外，戴口罩说话时，声音要比平时放大一些。如果声音太小，对方难以听清。这是我在口罩日常化的过程中，通过观察得出的结论。

前面说过，如果遇到令人眼前一亮的应对行为，可以试着模仿；反过来，遇到不尽如人意、拉低印象的行为，也要记在脑中，引以为戒。

我因为偶尔也会接受采访，所以能够实际体验、观察对方，留意对方做了什么，又给我留下什么印象。

一般人或许没有这种机会，但一切交流都值得学习。

因此，要时刻保持警惕，留意哪些行为会给人留下什么感觉，取长补短，博采众长。

如果有了心得，一定要记录下来。哪怕手边没有纸笔，也可以使用片刻不离身的智能手机。

我一般会用邮箱的草稿箱记录，按不同主题分类，输入标题，然后保存下来，发给自己。这样一来，它就成了备忘录。如果不记下来，很快就会忘记。

具体做法可以参考拙作《备忘术》（学研Plus）。之所以要记录，是因为人体的构造本身就导致了遗忘的发生。无论什么都会遗忘。按上述方法使用邮件备忘，也可以便利地检索，且能长期保存记录。

线上提问要尽量简短

说话时发音要清晰、语速要慢、声音要大，这一点，在线上交流中也一样。如果使用麦克风，难保对方耳机里的声音是否清晰。音质无论如何比不上当面交流。

因此，说话时要把嘴张得比平时更开，不要吞音。做到这些，就能尽可能传递出正确的信息，给对方留下好印象。

另外，提问与回答也要尽量简明。如果拖得太长，会造成对方理解困难，加大线上交流的难度。所以，尽量使用短问题、短回答。

还有一点，线上交流时，双方很容易同时说话。你准备发言的时候，对方也可能同时发出声音。但站在对方的立场，好不容易有话要说，却遇到阻碍，想必不会很愉快。

这种时候，可以在说话前多停顿一次呼吸的时长。面对面交流时，沉默会让人感到不安，但线上交流的特点，就是停顿不会引人注意。

所以不要害怕沉默，想发言的时候，先呼吸一次。或者在说话前停顿一拍。如果这样也会跟对方撞上，就多停一拍，把间隔拉长。

一旦线上对话开始，就要尽早找准这个节奏。这也有利于对话的顺利进行。

重点：线上交流时，为了避免跟对方同时发言，说话前先停顿一次呼吸的时长。

注意非言语信息的准确传达

线上交流时，离镜头稍远一点

前面已经提到，线上交流因为难以获取非言语信息，不像面对面交流那样顺畅，其实谈话的另一方也一样。

交流双方都很难获取对方的非言语信息。

不仅是你，对方也在一边说话，一边观察你的反应。如果对方看不清你的反应，可能会想"这个还是不说为妙"或者"他/她好像不太赞同我说的"，并因此做出消极的判断。

遇到这种情况，就要注意准确传达非言语信息。在不说话的情况下，让对方看到你的正面反馈。

最简单的方法，就是熟练地附和、点头或打手势。由于视频画面很小，你的动作也需要比面对面交流时更夸张一些。根据我的经验，动作幅度增大三成刚好。

如果不这样，对方就看不懂你的反应，而心生不安或犹豫。

还有一点要注意。很多人喜欢把摄像头对准自己的脸，且放得很大。或许是想让对方看清自己的表情，也可能是不会调试设备。

　　但脸部占据画面的比例过大，对方就看不见你的手势。虽然可以看到你附和时的表情，却看不到你的身体动作。

　　虽然用表情给予反馈也很重要，但仅有表情，很难传达"说得好""没关系""请继续"等相对复杂的信息。

　　那么，具体该怎么做？只要离画面远一点，你的脸会在视频里变小，上半身也能更多地进入对方的视线。这样一来，你的反应就能更准确地传达给对方，身体动作、手势等也能映入画面。

　　如果画框里只有放大的脸部，是做不到这些的。

　　前面提到那位一年要做六百多场线上演讲的专家，会使用视频混合器，把自己站立的上半身画面投影在视频内，背景是CG合成的工作室画面，PPT内页浮在他身侧。

　　当然，这是专为演讲准备的。线上会议、线上提案也会用到这种方法。理由很简单，因为站着能让人看清动作、手势，也更容易向观众传递信息。

附和对方或打手势，幅度要大一些

其实，就算当面交流，也有很多人不会以附和或打手势的方式，给谈话对象正面的反馈。

就我而言，如果一直说话，对方却毫无反应，就会疑心"这个人有没有好好听呢？"

如果直接问对方"你在听吗？"对方会说"听着呢"，并且表示自己做出了反应，有在点头或做一些动作。但我完全没看出来。

很多人的反馈能力不强，是因为聊天时的动作太少。

请看看你周边的人，擅长反馈的想必不多。反过来，如果能做好交流中的反馈，就会给人留下非常好的印象。

经常听人谈心、受人信赖的人，想必也是如此。因为人们大都会无意识地选择那些会对自己言行做出反馈的人。也就是说，做好反馈，就能提高他人对你的评价。

题外话是，站在台上演讲的人，其实能清楚看到听众的反应。这大概只有上过演讲台的人才知道。

如果在听众中发现一脸无聊、毫无反应的人，台上的我也会心生歉意。

不过，有时演讲结束，那些毫无反应的人竟然笑着走过来跟我交换名片，还说"你的演讲很有意思"。这种情况绝不少见。我其实很想对那人说："是吗，你刚才明明满脸写着无趣呀。"

事实上，很多人都没有做好类似的反馈。如果明明心有所感，却没给出相应的反馈，实在是令人遗憾。

重点：线上沟通时，动作、手势的幅度可以增大三成。

与客户平等沟通的两个心得

掌握客户想要达到的目标与目的

每个人都想问出有意义的内容，但如果态度强硬，让对方感觉被冒犯，就得不偿失了。有的人怕得罪客户，提问保守，对话从头到尾平淡无奇……采访是如此，做销售尤其容易如此。

面对客户，销售人员容易过度恭敬。但有位优秀的销售人员让我意识到，这毫无必要。

刚踏入社会时，我在Recruit（瑞可利）公司负责招聘广告的工作。说到广告，首先得要接受顾客的委托。而负责处理委托的，就是营销员。

成为自由职业者后，我也不时接触广告类工作，认识了大量营销员，也从工作中发现，优秀的营销员确有其厉害之处。

简单来说，他们会直截了当地对客户提出意见，比如："这样做比较好""最好不要那样""这种不行"……所谓营销，并不是完全听客户的指挥，低声下气、点头哈腰。

为什么呢？理由也简单，因为营销员能理解客户的"目标"。以招聘广告为例，客户就是某公司的人事部门。他们的目标无非是聘用合适的人选。营销员只要发挥自己的特长，就能实现目标。

哪怕一味讨好客户，放低姿态，把客户的话奉为圭臬，最后合作失败，也全无意义。

即使一针见血地提出问题，只要能圆满完成招聘任务，对顾客也是有益的结果。所以客户会更信赖这类营销员。

为了顺利完成招聘，营销员必须从客户口中问出各方面的信息。从招聘预算到招聘目标，双方都要互通消息。所以，营销员可以不断提问，不断引出想要的内容。

反过来，只要示意客户："合作是为了达成目标"，对方一定也会主动提供各种信息。因为这能提高成功率。

不只是招聘，在销售活动中，客户必然也有利可图。无论是B2B（面向企业法人）还是B2C（面向个人）都一样。

考虑到客户能从中获利，就没必要对其毕恭毕敬了。因为合作能实现共赢。只要抱着利益最大化的态度展开交流，就能畅通无阻。

与客户建立"比邻而坐的伙伴关系"

我采访过一位OA办公系统的顶级销售人员，并在那时见识到，何为优秀的营销。当时我问他，怎样才能跟你一样成绩斐然？他回答，要关心客户的客户。

他卖的是个人电脑的办公系统，但多数案子对接的都是企业法人单位的总务处长。话虽如此，他也时刻铭记，总务处长面对的公司员工才是那些电脑真正的用户。

作为营销员，他的目标是给员工创造更好的工作环境。这与总务处长的目标一致。总务处长的"客户"，其实就是自己公司的员工。

这样一来，他不必向总务处长热情推销、恭敬逢迎，只需告诉对方，自家的办公系统能为贵公司的员工创造更好的工作环境就够了。双方目标一致，还能帮总务处长提高业绩，他们就此达成合作。

换句话说，成了"比邻而坐的伙伴关系"。即不是对峙，而是为解决同一个课题，比邻而坐的伙伴。总务处长会不断征求他的意见、提供己方信息。

他也可以不断地引出有用的信息，切实掌握对方需求，最后卖出大量的办公系统。

这个案例告诉我们，只要从"客户的客户"角度出发，考虑问题，明白自己提供的服务能让客户获利，就可以挺起胸膛提问，获得想要的信息。

营销员不必对客户毕恭毕敬。因为态度不能真正解决客户的问题。只有不断提问，引出对方的需求，才能给对方带来实际利益，所以抱着这种想法去做就行。

重点：站在"客户的客户"角度考虑问题，也会给客户带来利益。

对沟通的全盘了解能有效提高沟通效率

面对目标不明确的人，问不出有效信息

前面虽然提到，采访时可以直入主题，不必以闲聊为开场白，但在对话开始前，还有件事很重要。那就是留出几分钟，告诉对方"今天我为什么来""来干什么""希望你如何配合"等。

进一步说，就是对"今天的目标""采访的主题""采访原因"进行说明。这个步骤，可以把你的意图明确传达给对方。

我认为，面对目标不明确的人，是问不出有效信息的。

只有当对方清楚了解了你希望他如何做、想聊怎样的话题、实现怎样的目标，你们的对话才能顺利推进。因此，要在最初告诉对方这次对话的整体概要。

根据我的经验，与充分了解当日沟通目标的人谈话，会比一无所知的人顺利十倍。

因此，我每回采访都必做这项工作。哪次没做，就静不下心来。作为受访者也一样，如果对方不告诉我这些内容，我就会坐立难安。开工作研讨会也一样，如果主持人在会议之初不说明今天的主要目标和整个流程，我就很难顺利进入状态。

但就我所知，会做这个步骤的人不多。很多人以为自己已经取得了预约、提交过企划书，对方肯定知道接下来的谈话目标，于是一上来就直入主题。

可在很多场合中，对方可能根本没看你的企划书。帮你预约的秘书可能没跟老板进行充分沟通。又或是秘书说过，老板本人却没理解。

我在采访中有过类似的经历。因为时间不够，采访开始前没说明当日主要目标与流程，就直接进入对话，而对方一头雾水，不知道当日的采访要干些什么。由此看来，你的谈话对象未必能切实把握你们要沟通的内容，也未必都有所准备。

正因如此，才需要在谈话之初做概要说明，告诉对方，你希望听到些什么内容。前面也曾提过，任何人都想尽可能地回应别人的期待，服务精神旺盛的人尤其如此。

难得对方抱着这样的想法，如果你不明确传达自己的期待，本可以获得的信息也会失之交臂。

多位成员分工合作，进行引导

就我而言，工作中的交流大都是为了采访。这很简单。只要在对话之初告诉对方：我们是一家什么样的媒体，要写一篇怎样的报道，希望您配合讲讲这方面的内容，仅此而已。

我曾经两度采访福山雅治先生，两次采访的目的大不相同。

虽然都是周刊的封面采访，但第一次是想鼓励60—70岁的主要读者层，第二次是为开辟新的读者层，吸引40多岁的人。

两次采访的内容完全不同，因此采访之初，我都对福山先生做了充分说明。

除了单独采访，还有与人协同采访的情况。如果有编辑与我同行，我会把事前的概要说明交给编辑去做。如果编辑说得不够详尽，再由我来补充。

像这样分配角色，也有利于采访的进行。两个人的时候，就分为"事先说明的人"和"进行采访的人"。人数再多，可以加上"过程中附和的人""在关键问题上追问的人"，等等。

如果同行人数多，但有一两个始终沉默不语，现场气氛就会变得沉重。所以大多数时候，我会让这些人负责控制气氛，根据对话内容做出反应，笑一笑，或适时点头。只要在场人士都参与到对话中，担任一定的角色，说话的人也会更放松。

团体成员扮演不同的角色，共同达成目标，不失为一种方法。线上交流时，这种方法尤其有效。不过要注意，线上交流如果有人一句话也不说，会给人奇怪的感觉，因此要在最初双方寒暄的时候，就向对方说明你们各自的角色。

重点：在交流之初，一定要告诉对方这次谈话的"目标"。

需要高度警惕的问题

有关外貌的问题要多加注意

无论面对面还是在网络中，与人交流都要注意一个基本点，即有的问题不能问。

尤其是那些问出来可能影响现场气氛的问题，有时随口说的话就会把气氛弄僵，这点必须警惕。

说得更直白一点，如果担心某个问题会冒犯对方，就不要问。最有代表性的就是与外貌相关的问题。

受到夸奖固然令人开心，但前提是，夸你的人跟你很熟悉。如果对方是陌生人，突如其来的夸奖只会搞得人莫名其妙。

举例而言，有人穿了某个品牌的鞋子。那双鞋子很好看。但如果不问，你并不知道对方穿它的理由。

有人因为鞋子上脚舒适、适合自己而选择它。这类人可能完全不会注意品牌。

也有人因为喜欢这个品牌才偶然买了这双鞋。但他只是喜欢品牌，对这双鞋未必有偏爱。

遇到不同的情况，从不同角度夸奖会给人完全不同的感觉。如果对方只是因为鞋子舒适而穿它，你却问："这个品牌很棒吧？"对方会如何回答呢？大概只会说："我不太了解这个品牌，只是因为穿着舒服才买的。"或许还会腹诽，这人什么都不知道，瞎问什么啊。

类似的问题，设身处地想一想就能理解。如果有不熟悉的人评价你的衣着或外貌，你会作何感想？大概只会觉得奇怪吧。

由此可见，提问时，最好避免与穿着打扮、外貌有关的问题。这类问题正因常见而容易失误，所以更要注意。

线上交流也最好避免敏感话题

我的方针是，自己不想回答的问题，也不会问别人。比如与外貌、身体有关的问题。又如，与家人有关的问题。如果有人初次见面就问你的家人如何如何，你会回答吗？我不会。

当然，也有人不拘小节，乐意在其他媒体的采访或SNS上公开家人信息。这种人或许不介意被问及家人。

如果是面对面交流，可以结合非言语信息营造现场氛围。在松弛的氛围下，有时难以启齿的问题也能伺机问问。

就像前面介绍的那位大公司社长。我之所以能直截了当地问他"怎样才能当上社长"，也是在采访结束后，气氛松弛下来，找准拍摄的空隙去问的。当时录音笔已经关了，周围也没有旁人，我瞅准这个时机小声询问，才得到了那样的回答。

从这个意义上来说，线上交流真的很难提出敏感问题。必须高度警惕。如果在线上交流之初，就问了不该问的问题，之后整个对话可能都会陷入极其僵硬的气氛。

无论什么问题，都要事先设身处地地慎重思考，自己被问到时会作何感想。当然，过分拘谨也不可取，只提一些常见问题，本来能问出的信息也没法获取。

那究竟该怎么做呢？下章我会做具体的介绍。

重点：最好避免与外貌有关的问题。

第四章

学会"引导式提问"
实践篇 Part 2

——掌握足以左右"引导能力"的提问技巧

即兴引导的困难之处

最好能让对方提前猜到你的问题

要引出精彩的对话，最重要的是什么呢？对我而言，是在采访前想好问题。仔细考虑要问些什么，做好准备，交流过程中就不会慌乱失措。

事前想好问题，就能少一分担忧，不必猜测采访中对话突然停止、气氛陷入沉默，或对方一言不发时的应对方法。

我习惯在采访前告知对方，接下来要问哪些问题，这样能让对方做好心理准备。

如果受访者有话想说，也能提前计划开口的时机，例如，接在某个问题后展开细说。前面也提到，这有利于双方对时间的把控。

不仅是采访，工作中也应该如此。无论是做营销，还是上下级之间的交流，都需在事前准备好问题。

如果事前准备不充分，就只能靠临场发挥。这有一定的难度。短时间的交流还能勉强应付，若时间长达半个小时、一个小时，提出的问题就会一盘散沙、不成体系。

根据对方的回答继续追问，虽然不失为推进对话的办法，但这种交流往往没有重点，四分五裂，最终还可能拉不回原本最想提的问题。总之，风险颇高。

我接受采访的经验告诉我，如果对话跳来跳去，没有重点，回答的人也会很吃力。本打算讲小时候的事，采访者突然跳回当下发问，本打算聊刚踏进社会时的事，对方又把话题扯回学生时代……

如果事前没有准备，临场随意发挥，很可能发生上述情形，这样就没法问出深刻的内容。参加会议或面谈也一样，为了避免话题松散、不成体系，一定要在事前做好准备工作，想好到底要问什么。

很少有人能在毫无准备的情况下答出所有问题

此外，我还认为，应该事先知会交流对象，"我想问这样的问题"。

有人或许会觉得，提前把问题告诉对方，相当于提供了准备时间，临场就没法问出有趣的答案。我不认同这个想法。事实上，我长年都是如此践行，依然能在采访中问出有意义的内容。

事前把采访中要问的问题告知对方，确实为其提供了准备时间，但也无妨，实际采访时，你只需顺着答案继续深挖。

如果只满足于对方准备好的答案，大概率写不出好报道。与其如此，不如直接把问题发给对方，等着收答案。

既然有了机会采访，就要根据对方所作的回答继续提问。后面还会就此进行介绍，其实这个步骤才是交流的精髓，也是引导能力的关键。

反过来，如果事前没有通知对方要问什么问题，会发生什么呢？对方只能临场思考答案。这其实相当困难。对方思考的时间越长，留给你继续深挖的时间就越短，最终只能平淡收场。

试想，让对方在有所准备的情况下回答问题，和在毫无准备的情况下回答问题，哪种更有利于沟通呢？答案显而易见。

引导能力，其实开始于对话之前。

重点：事前准备好问题。并告知要交流的对象。

提问太多反而无法引导出有意义的答案

每个问题只给两分钟作答，对话无法深入

有人虽然深知提前准备问题的重要性，也想问出好内容，但对话途中却想不起具体的问题……

或是有别的原因，虽然准备了问题，最终还是一败涂地。这样的人，往往败在准备的问题太多上。

这一点，是我某次接受采访时，从一位年轻人身上发现的。

他是刚入行没多久的新人，我是同行业资深人士，他要采访我，想来并不容易。当他把问题清单交给我时，我着实吓了一跳。上面有三四十个问题。

采访时间是一个小时。简单计算一下就知道，如果有三十个问题，每个问题只有两分钟时间作答。短短两分钟，怎么可能问出深刻的内容呢？

当然，那位新人想来并无恶意。只是经验尚浅，以为问题越

多越好，这才绞尽脑汁想出了那些问题。

然而很多问题不可能在两分钟内答完，如果按清单推进流程，绝对无法按时答完。如果他到最后也没能问出真正想问的，导致写不出稿子，就太令人遗憾了。

我浏览了那些问题，用笔画出几个关键的，然后在采访时提议："以我画出的问题为中心挖掘，就能写出报道。你觉得怎么样？"

采访顺利结束后，他对我表示了感谢。我告诉他，事先准备问题固然重要，但每个问题只给人留两分钟作答是行不通的。希望这些话能对他今后的工作有所助益。

一个小时的采访，六个问题就差不多了

此后我才发现，很多人，包括我的同行，都会在采访前准备大量问题。我准备的却极少。

前面也提过，如果是一个小时的采访，我认为准备六个问题就差不多了。如果有六个问题，围绕每个问题进行交流的时间就有十分钟。

提出一个问题，往往不可能立刻得到精彩的回答。因此要针对答案继续提问。例如：

"您刚才说的×××，究竟是什么样的呢？"

"当时您为什么会那样想？"

"做出那个决定，是出于什么原因？"

像这样，针对对方的回答继续发问，探听背后的内情。这样一来，也能深入理解对方的回答。问出背后的逻辑与缘由。如果只满足于一问一答，就无法推进到这个地步。

我不喜欢按部就班，只问准备好的内容。因为问题只有六个，对方也清楚会有多余的时间。

因此，我会针对受访者的回答，深入挖掘。当问完这个话题的相关内容，才转向下个问题。

一边聆听对方的回答，一边做笔记时，脑中如果冒出其他问题，可以写在笔记本一角，这个方法也很有用（我经常如此）。

还有一点，如果事先准备了六个问题，可以想想，就每个问题继续深挖时，会延伸到哪些方向，把关键词写在旁边。一般而言，我会在每个问题后准备两三个关键词。

我把它们称为"分支问题"。那六个问题则是"主干问题"。"主干问题"是关于本质的问题，抽象的问题。相对地，"分支问题"就是附属其下的具体问题，即关键词。

只要把这两方面的问题准备好，就会产生十二到十三个问题。有了这些，就不用害怕想不出问题，临场陷入尴尬的沉默了。

在对方回答"主干问题"时，可以在答案的基础上继续提问，也可以提出"分支问题"。如果对话进展顺利，你也问出了想要的答案，剩余的"分支问题"就没必要再问了。

按照主干和分支的形式进行联想，也可以防止问题准备得过多。希望大家能注意这一点。

重点：只要准备好"主干问题""分支问题"就行。

"主干问题"和"分支问题"的例子
引出客户的要求与期望

分支问题	主干问题	分支问题
经由媒体？	您是在哪里了解到这项业务的？	经由业务案例？
眼下有什么需要解决的问题吗？	您为何会对这项业务产生兴趣？	如何发现这个问题的？
希望如何解决？	您认为解决问题的理想方式是？	希望这项业务具体提供什么服务？
比起竞品方，您对我们更满意的点是？	您考虑过我们的竞争对手吗？	决定选择我们是因为？
为什么要在这个期间内？	您希望在何时解决这件事？	有优先考虑的事务所吗？
大致的预算是？	您最看重的要素是？	要解决这个问题，可能遇到的阻碍是？

分支问题	主干问题	分支问题
老家是哪里？	你为什么进这家公司？	在学校学了什么？
被分配到哪个部门？	你有过什么样的职场经历？	做过什么样的工作？
有什么重大成果吗？	给你印象最深的项目是什么？	那个项目为何让你印象深刻？
最高兴的时刻？	哪些时刻最能感受到工作的乐趣？	最享受的时刻？
为什么印象深刻？	给你印象最深的上司或伙伴是？	把什么样的人当作榜样？
想成为什么样的商务人士？	以后想积累什么样的工作经历？	你认为工作的意义是？

突然提出复杂的问题，对话会很难推进

从现实情况、时间、数字等开始问起

前面说到，采访前要想好六个"主干问题"，除了数量，还要注意从简单易答的问题开始，慢慢抽象化。

最应避免的就是，在对话初始阶段，抛出难以回答的问题。

例如：

"对您而言，何为人生？"

也许你就是冲着这个问题来的，但若在对话之初发问，没几个人能滔滔不绝地回答。

即使采访前就把问题告诉对方也不行。试想一下，在同等前提下，先询问对方的经历再衔接到人生，抑或不经铺垫直入主题，哪种更利于回答，哪种更能得到含蓄、深刻的答案呢？

尤其当你们初次见面，双方还未建立信赖关系时，在对方眼里，你是否值得倾诉，还有待观察。这时的气氛也还有些紧张，如果突然问出抽象难解的问题，对方可能会非常讶异，也无法很好地作答。

况且交流之初，对方也不想给你留下糟糕的印象。如果先问简单易答的问题暖场，对方也会很快进入状态，这也更加利于后续问答。

我早期在Recruit公司负责人才招聘广告时，也写过一些公司社长的采访报道，有一阵子，还比较集中地听多位社长谈及自身职场经历与事业观。

因为对方已成为公司最高层，作为创业者获得了成功，因此采访的终极目的，大都是询问他们怎样才能在工作中有所成就、成为领导需要满足哪些条件等。这类问题不能一蹴而就。

因为答案往往抽象。但背后总有许多经验、故事，也是因此，话题才会生动活泛。

采访者需要注意的是，从事实、时间、数字问起。例如：

"您当初为何选择进入这家公司？"

这个问题，对社长本人而言，是过去的事实。如果他想起那些事，就能侃侃而谈，不会出现犹豫、躲闪的情况。这样，就能慢慢把话题往抽象的方向带。

"刚进入这家公司时，您是抱着什么想法开始工作的？"

"那时候能有所作为，是出于什么原因？"

"您是在什么时候，意识到自己成了领导？"

"身为管理者，需要注意哪些问题？"

问题一步步地到了这里，接下来就可以问：

"您认为，怎样才能在工作中有所成就？"

"成为领导需要满足哪些条件？"

抽象问题至此得以展开。

怎么样，这样逐步接近核心问题，是不是比一上来就直入主题更利于对方回答呢？毕竟再抽象的问题，也有自身经历为背景。

为了不让话头散乱无章，需要像上述那样，设计一个提问的脉络。拿刚才的例子来说，是以时间为体系逐步推进。这样也能防止对方思路混乱。

让对话"慢慢升温"，走向重点

如果事前能找到关于社长的报道或网站上的信息，可以在准备好的各个问题下记录关键词，作为"分支问题"。

采访过程中，要根据对方的回答继续提问，如果回答中没有出现你记录的关键词，就用问题的形式抛回去。这样一来，对方也会针对与关键词相关的经历和故事展开叙述。

必须注意，没人能在一开始就针对核心问题侃侃而谈。要到达核心，必须让对话"慢慢升温"。为此，要从不同的角度提问。

重点：一开始要提容易回答的问题，接着再一步步抽象化。

过于具体的问题太多，对话就无法展开

抽象的问题更容易回答

前一节列举了采访社长时的几个问题，很多人看了以后觉得过于抽象。

"您刚进入这家公司时，是抱着什么想法开始工作的？"

"那时候能有所作为，是出于什么原因？"

"您是在什么时候，意识到自己成了领导？"

"身为管理者，需要注意哪些问题？"

其实我是刻意准备了略微抽象的问题抛给对方。

在采访的导入阶段，提出的问题大都以事实为依据，但随着交流的深入，需要把话题转向抽象问题，比如经验塑造的事业观等。

原因之一，是抽象问题更易回答，也有很多答法。答案不受限，才有延伸的可能。说不定就能听到意想不到的回答。这样也方便进入下个问题，更利于引出有趣的回答。

与抽象问题相对的，是过于具体的问题。

比如：

"您刚进入这家公司时，被分配到了茨城工厂，但据说突然就加入了获得社长奖的那个项目，是这样吗？"

如果提出这样的问题，答案就很局限了。如果采访者只想问与这个项目有关的内容，倒也无妨，否则明明有其他更有趣的话题，为何偏偏选择这种问题。

因为这种问题，对方只能回答"是"或"不是"。这样一来，对话就无法持续。可见，过于具体的问题，很可能在"是"或"不是"的地方结束。

当然，问到了茨城项目也不要紧，但明明有很多选择，没必要非问这个不可。

首先要找一个抽象的、可以延伸的问题作为"主干问题"。接下来的"分支问题"，可以把茨城项目作为关键词。这样就能尽量避免在"是"或"不是"的地方结束，还可以就茨城项目进一步提问。

只让对方答"是"或"不是"，沟通容易僵化

从这个意义上来说，事前充分调查和了解对方极为重要。只

有这样，才能准备好"分支问题"。

另外，在不断抛出"分支问题"的同时，对方也能察觉到你事前调查的用心，从而对你产生信赖感。

不过，把查到的东西拿来提问，很可能问不出新的东西。因为对方可能以为你对那个话题感兴趣，转而去聊那件事。

也许还有无人提及的问题，也许还有更有趣的故事。所以不要问太具体的问题，要让问题逐步抽象。

如果提出的问题只能以"是"或"不是"作结，对话就会僵化。为了避免这种情况，也要仔细斟酌提问的方法。其实抽象的问题更能收获意想不到的回答。

重点：别问只能答"是"或"不是"的问题。

如何减轻"提问方"与"被提问方"之间的对立感

尽量不要坐在对方的正对面

采访时，为了构筑和谐共鸣的关系，有个技巧上的建议：尽量不要坐在对方的正对面。

如果坐在对方正对面，会不自觉地形成一种"采访者"与"被采访者"的对立关系。这会催生紧张感，甚至营造出敌对气氛。

因此要尽量避免相对而坐。哪怕只是稍微转个角度，感觉也会截然不同。如果两人的沙发或椅子已经面对面摆好，无法移动，可以在坐下时朝左边倾斜。这样也能缓和对立关系。

采访时，想象你和对方之外还坐着读者，距离与你们相当；面对假想的读者展开对话，就能创造出和谐的氛围。受访者与你之间会产生共鸣，觉得在共同面对读者说话。

比起对你倾诉，让受访者感觉是在对读者倾诉，聊天气氛会更融洽，对话也会更加顺利。

之所以有这样的感悟，是因为我有一次意外成功的采访，地点在行驶的车子里。那是受访者的公司用车，司机在前面开车，我与社长并排坐在后座。我发现这时候，社长的状态相当放松。

一开始，我们也是面对面地进行采访，中途出于一些原因，只好转移到汽车里，没想到因祸得福，采访圆满结束。这时我就意识到，采访者与受访者的位置变为并列，能让对话更加融洽。

题外话是，从前的男女约会很喜欢开车兜风，说不定也是因为并排坐能让彼此放松，聊天也更愉快。

听说近来的年轻人都不太喜欢开车了，兜风或许不再时髦，但在缓和气氛的意义上，应该仍然有效。

不要过分恭谨

要构筑良好的交流关系，还有一点值得注意，即不要过分恭谨。尤其是面对初见的人，或地位较高的人，虽然理应举止礼貌，但很多人容易礼貌过头。这种态度也无法构建良好关系。

与人交流不能无礼，但过于恭谨也会导致一些问题。比如对方无法放松地说话，你们之间无法形成共赢的气氛。

我采访过很多名人，渐渐意识到，他们并不希望别人对自己过分恭谨。虽然见到社会地位高的人，我们会不自觉地感到谦卑，但事实上，对方并不想你这样。

毋宁说，用普通人之间聊天的态度去跟他们沟通，更能缩短彼此的距离。对方放松了，你提问也就更容易了。

举个例子，我采访过明治大学的校长，土屋惠一郎先生。对方身为校长，气场很强，校长办公室也井然有序，冲击感十足，考虑到他的社会地位，我难免在态度上恭谨起来，但还是努力摆脱这种恭谨，在不失礼的前提下尽量表现得坦率。

不知是否因为这个，校长回答问题也十分坦率。详情可以参阅拙作《那所明治大学，为何成了女子高中生的首选学校？》（东洋经济新报社），在采访中，他接连透露了许多内幕，比如"学校曾打算成立社会共生学院，但最终失败了""不是（搬校区的时候）没搬，而是（因为校内的反对）没能搬"，等等。不禁让人怀疑："身为校长，说这种话真的没问题吗？"

采访结束后，他邀请我一起吃饭，之后我们也保持了密切的往来，我在报刊AERA（朝日新闻出版）的非虚构专栏"现代肖像"连载时，也曾写过他的事迹。

重点：沟通时不要坐在对方正对面，要以比邻而坐的心态展开对话。

视线落在对方两眼之间

视线不要太直接，亦不要东张西望

曾经有人语带困惑地问我，与人面对面交流时，视线该放在哪里。

视线的处理的确比较麻烦。照理说，直视对方的眼睛是交流的基本要求。

我也十分注意在采访中直视对方的眼睛或面部。然而，长时间被人注视，总会产生压迫感，让人忍不住移开目光。

虽然我丝毫没有施压的意图，但一直对视，双方都会感到疲惫，我的眼神映在对方眼里，可能还会变成瞪视。

另外，如果你视线乱飘、东张西望，也会给人留下不好的印象。一不留神，还会被当作可疑人物。可见，视线处理不当，会对你的形象造成严重的影响。

针对这个问题，我有两条建议。第一，为了不让对方感觉不适，可以稍微错开视线。这是我在采访中学到的，即不看对方的眼睛，看其两眼之间。

这样一来，虽然你们是在面对面交谈，视线也不会显得太过直接。

第二，就是事先定好转移视线的落点。因为长时间对视，双方都会产生高度紧张感，所以偶尔也要移开视线。你可以事先定好把视线落在何处。

比如做笔记的本子上、交流对象沙发后的画上、右边窗外的风景，等等。先定好几个视线落点，就能防止交流过程中视线乱飘。也不会给人东张西望的感觉。

让我注意到这些的，也是那些采访中遇到的一流人士。他们从不东张西望，也不会一直紧盯着我。通过观察他们，我也学会了处理视线的方法。

以他人为参考对象，能解决很多问题。我们周围其实有诸多值得借鉴、学习的人。要有意识地观察、寻找。

线上沟通时，视线稍微落向摄像头下方

线上沟通时，视线也会影响你给人留下的印象。如果视频里的人正在详细说明情况，你却毫无反应，这难免叫人扫兴。

另外，不管是为了安置视线而东张西望，还是一直盯着摄像

头，都会给人不好的感觉。

那该怎么做呢？方法之一，是先确认摄像头的位置，然后看向摄像头下方。这样，即使你们面对面，也不会像紧盯摄像头那样给人紧张感。

还有一个方法，是盯着画面里的说话人。事实上，我家台式电脑的摄像头位置比较高，如果要看摄像头，就会变成抬头的姿势，因此，我一般是用第二个方法。

如果交流对象只有一个人，就看向视频里的对方说话。如果有多个对象，就面对整块屏幕，看向说话的那个人。这样应该不会产生违和感。

还有一点需要注意，如果一边与人视频交流，一边用电脑阅读其他文件资料，脸会不由自主地凑近屏幕，视线也会明显偏离。有时可能会摆出奇怪的表情。

为了避免这点，我通常都把文件资料打印出来，放在手边。记笔记也会采用手写形式。

使用不同的应用软件，视频画面会有不同的排列与效果，有的可以调出自己的模样的画面。说话的同时确认自己的形象，也不失为一种学习方法。

重点：一开始就定好视线的落点。

如果对方话太多，或说了很多无意义的内容怎么办

比起沉默寡言的人，话多的人更棘手

经常有人问我，采访时遇到哪种人最为棘手。因为我的工作就是让人说话，所以沉默寡言的人确实不好对付，但反过来，话多的人同样令人头疼。

时间充裕还好说，如果只有一个小时，对方却口若悬河，就很麻烦。

说的内容有用还好，如果与采访主题关系不大，或干脆偏题千里，就让人焦虑头疼了。

采访名人的时候，对方也很繁忙，一般不太会出现这种情况，我印象最深的，是在Recruit上班时，采访中小企业社长的经历。

当时我负责制作广告，经常到各家公司取材。做广告必

须对合作公司有充分的了解，所以我一般会预约时间跟社长面谈。这也是我作为营销员，与合作方高层直接面对面的机会。

对方是企业老板，说起自己的公司大都热情洋溢，对于招聘广告也有诸多条件和想法。此外，有的社长还想自我展示一番。这样一来，一个小时根本不够用。

作为广告制作方的负责人，我希望在紧凑的时间内找到对方公司的魅力。如果在一个话题上消耗太长时间，就没法在约定时间内发现更多的魅力点。

在这种场合，不可能直接打断对方，说"时间不够了，请您长话短说"。我当时年轻，也不敢贸然冒犯年长的企业家。

不过，我偶然发现一个方法：如果社长话太多，我就"唰"地抬起右手。

当一个人正在愉快地侃侃而谈时，听觉上出现干扰，会令其心生不快。

但若干扰出现在视觉上却未必。对方看到我突然抬起的手，会有一瞬间迟疑，话头也会中止。这时，我立刻插话："刚才的问题您回答了一个，另一个好像还没说到？"这样就能把话题拉回原本的轨道。

除此之外，还可以停下你拼命舞动的笔，抬头看向对方。这是在向对方表示：你现在说的话我不太感兴趣。停止记笔记的动作，也可以向对方传递信号。

话少的人会用其他方式发出信号

除了话多的人，交流中遇到沉默寡言的人也比较棘手。但这类人除了说话，还会发出各种信号。

比如视线、嘴角动作、头部动作等。只要注意观察这些信号，就能明白你所说的是否是对方想聊的。重点在于，先让对方聊他/她想聊的。这也能给人以信赖感，觉得跟你谈谈心也无妨。

因此，采访时一定不要操之过急。要配合对方的节奏。话少的人习惯了沉默，你也不必因沉默而慌张。

事实上，很多话少的人也有自己想聊的事。但要让他们输出这些内容，需要花费较长的时间。就像某些高性能的打印机，打印的时间往往很长。

因此，不要慌张。方法之一，是在问题里附加更多的信息，让对方适应输出。比如先用"是"或"不是"的问题让对方作答。接着慢慢切换到较抽象的问题，让对方输出答案。这样做，也能逐步加快对方的反应速度。

　　与话少的人交流，最重要的就是不要慌。

　　重点：如果对方话太多，花费的时间太长，可以适当地抬起右手。

挖掘问题的诀窍

利用"5W2H"进行推演

思考问题时，我会从"5W2H"的角度出发。即：

何时（When）

何处（Where）

何人（Who）

何事（What）

何故（Why）

如何做（How）

数量（How much）

想要理解某件事情，只要按这七个要点进行询问，就能获得全面立体的信息。反过来，要获得全面立体的信息，就必须按这七个要点来提问。

得到回答之后，可以继续活用这个方法进一步挖掘。做销售的人如果事前没想好问题，也可以有效运用上述办法。

举例而言，如果你接下来要与合作方对谈，询问他们的需求。对方想要替换眼下使用的产品。

这时，就可以用"5W2H"推演问题。

何时——"何时导入新产品？"

　　　　　"何时替换原有产品？"

何处——"从哪里开始导入？"

　　　　　"选择哪个公司？"

何人——"负责人是谁？"

何事——"需要什么样的产品？"

何故——"为何选择这个产品？"

　　　　　"为何选择这个公司？"

如何做——"想如何导入新产品？"

数量——"项目预算是多少？"

只要把"5W2H"置于念头中，问题就会接连浮现在脑海。

针对对方的回答，利用"5W2H"进行反问

另外，在接到上司命令订购产品时，能从上司口中问出多少信息，决定了你工作质量的高低。上司对你的评价也会因此改

变。这种时候，也可以灵活使用"5W2H"的方法。

何时——"何时需要用到产品？"

何处——"资料在何处？"

何人——"关键人物是谁？"

何事——"产品用于何事？"

"产品中必要的部分是？"

何故——"为何需要这种产品？"

如何做——"对包装有何要求？"

数量——"预算是多少？"

进一步说，在聚会上与刚认识的人交流，也能用到"5W2H"
的方法。

何时——"你什么时候进的公司？"

何地——"平时最常去的地方是？"

何人——"社长是谁？"

何事——"你在工作中的角色是？"

"这份工作的乐趣在于？"

何故——"为什么进入这家公司？"

如何做——"你具体是怎样开展工作的？"

数量——"年营业额有多少？"

一边对话一边按"5W2H"的要点构思问题。在对方回答的基础上，继续用"5W2H"发问。这样就能让对话有来有往，像传球一样逐渐扩大范围。

重点：只要把"5W2H"置于脑中，就能想出许多问题。

营销活动中，招揽了新客户时，
用"5W2H"进行提问

5W	When 何时	何时需要？
	Where 何处	在哪里使用？
	Who 何人	联络人是谁？
	What 何事	计划展开怎样的项目？
	Why 何故	整个项目的背景和缘由是？

| 2H | How 如何做 | 理想的交货方案是？ |
| | How much 数量 | 方便的话能否透露大致预算？ |

用"5W2H"构思面向消费者的摸底调查

5W		
When 何时	何时使用?
Where 何处	在何处使用?
Who 何人	主要由谁使用?
What 何事	希望该商品满足哪些需求?
Why 何故	为何选择这款商品?

2H		
How 如何做	具体使用场景是?
How much 数量	心理价位是?

想不出问题时，就重复对方说过的内容

要引出答案，必须建立"有来有往的对话"

只能以"是"或"不是"回答的问题差在哪里？为何要把"5W2H"置于念头中？原因在于，要引出对方的真心话，就要注意对话的有来有往。

一次性的提问不可能问出精彩的答案。

提出问题，对方回答，根据答案继续提问，这样反复多次之后，对话才会逐步深入核心。

我在前面说的一个小时采访只准备六个问题，也是为了留足时间，进行有来有往的对话。如果准备三十个问题，一个问题只有两分钟的时间作答，因为时间过短，对话就无法像传球般不断往返。

换句话说，我是为了让每个问题都有十分钟左右的传球时间，才故意只准备了六个问题。

但作为受访者，我也注意到，有时答完一个问题，提问者不会再继续深入，对话也就到此为止了。

其实受访者也希望提问者对自己的回答做出反应，如果没有反应，也会心生遗憾。

另外，如果提问者能细心捕捉受访者话里的要点，进一步追问"那是怎么回事"，受访者就会非常高兴，心想，必须说得更详细些。

我自己外出采访时，会仔细注意对方作答时的反应，思考如何将对话继续下去。为此，我会一边听对方说话，一边考虑接下来的问题，说是大脑飞速运转也不为过。

如果察觉对方差不多说完这个话题了，就适时递出下一个问题。这里也可以用到"5W2H"。因为从不同角度提问，能让对话更加丰满立体。

从他人的兴趣、视角出发，思考问题

思考问题时还要注意一点，即"不要只从自己的兴趣出发"。因为一个人的思路毕竟有限。

只要往外迈出一步，从别人的兴趣出发，用别人的视角思考，或许就能有新的发现。

对我来说，就是站在读者的视角思考。如果我是读者，会怎么反问受访者呢？

换句话说，我要代替读者向受访者提问。

有时站在自己的视角毫无头绪，但换成读者视角，就会冒出各种问题。如果是在研讨会上，可以尝试从到场观众的兴趣出发，思考问题。

还有些时候，虽然想再问点什么，但怎么也想不出问题。这时，可以把对方说的内容提炼一下，以反问的形式提出来。比如：

"简单来说，就是这样的吧。"

这种问法的有趣之处在于，多问一遍，对方就会把同样的内容说得更具体一点，或是换个角度再说一遍。这样，你的视角也会相应地拓宽。

有时候你反问过去，对方会说："不对，不是你说那样。"这时就得继续问"哪里不对呢"。接着，对方就会重新说明。这样做，基本就能让对话进一步深入了。

希望大家明白，被提问的人也在期待提问者对自己的回答做出反应。

甚至可以说，如果问答迅速结束，对方会遗憾地觉得，你对他/她不感兴趣。有些受访者回答问题的前提，就是提问者会继续问下去。

要知道，在交流过程中，双方都期待着内容的往返传递。

如果你能站在新的角度提出问题，对方也会被激起新的兴致，从而使得问答的内容更加精彩。

重点：不要只顾自己的兴趣，试着从其他人的兴趣出发，思考问题。

第五章

学会"引导式提问" 应用篇

——想最大程度地引出对方的真心话，
需注意以下几点

避免"提问"变成"诘问"的方法

不管怎么应对，都容易陷入"攻防战"

我曾听人聊起采访心得，说采访是1V1的对决，关键在于把对方拉进自己的节奏，令其透露劲爆内幕……

事实上，我也曾在公开采访中见到这样做的人。虽然每个记者都有不同的想法，但我并不认同，也无法效仿。

因为设身处地想一想，如果是我接受采访，绝不会喜欢那样的记者。那种采访也不可能让受访者畅所欲言。

不过要注意，对采访质量做出评价的是受访者。哪怕我自认态度礼貌，对方也可能产生全然不同的印象。这是沟通的难点。

尤其要警惕的是，别让"提问"变成"诘问"。

在交流中，有一方提问，有一方回答，双方立场不同，提问方很容易变成进攻方，回答方也容易变成防守方。

换句话说，回答问题的人可能觉得受到了诘问。提问方与回答方也可能变成进攻与防守的对立关系。

有时候提问者觉得自己只是稍加询问，被问的人却感觉受到了斥责。这种情况在前辈与后辈、上司与下属之间尤其容易出现。

此外，在销售场景中，如果销售人员让客户感到被诘问，就是一种本末倒置。一定要意识到，你可能不知不觉就让对方产生被诘问的感觉。

重复先前的提问时，留出适当的停顿

为了不让对方曲解自己的态度，必须注意，不能反复询问同一个问题。如果必须重复，就先呼吸一次，停顿一下。

反复询问同一个问题，一般是因为对方始终没说出你想听的东西。这种时候，可以把你希望对方回答的内容组织到提问里。

采访里有各种各样的问题，有的问题对方怎么也不肯正面回答，这时，可以把相关要素组织到提问里。这种方法也能用在销售中。

"××先生/女士，您以前说过这样的话吧，现在您对此又有何看法？"

"部长，您说过这样的话吧？我又想了想，觉得太有道理了，能再展开说说吗？"

"关于××，有人认为△△△，您觉得呢？"

像这样，把你想让对方进一步说明的内容组织到问题里。

这就是所谓的"诱导提问"。私以为，明确表示"我想听这方面的内容"，并不会让对方产生抵抗心理。你问了，对方才会意识到："原来他/她想听我说这方面的事啊。"

事实上，受访者也不愿让话题跑偏，也想满足提问者的期待。既然如此，就要发出信号，让对方明白你关注的焦点。

即使用了诱导提问，也不能让话题到此结束。要再进一步挖掘，问出对方从未吐露的心声。

诱导提问的厉害之处在于，哪怕是对方说过的东西，你也可能从中引出全新的内容。

重点：使用"诱导提问"，把你想让对方细谈的东西组织到问题中。

从谈论自己开始提问也是好办法

不知如何回应时，就说"真不容易啊"

有时候提出问题，对方也回答了，你却不知道如何回应。例如，对方刚讲完一个稍显沉重的故事，也不方便立刻问下个问题。

遇到这种情况，可以陈述自己的感想。

在采访中，如果对方讲到自己经历的挫折、辛苦等，提问者有时也不知作何反应。不管说什么都无法衔接到下个问题。

好在日语里有个万用句式，那就是：

"真不容易啊。"

很神奇，只要以这句话回应，很多时候，对方会深入话题继续展开。因为"真不容易啊"不仅表达了你的同情和共鸣，也若有似无地向对方传递了"还想继续听"的微妙含义。

听了对方的故事，以"真不容易啊"回应。这样一来，对方大都会觉得自己被人理解了，同时产生倾诉的欲望。

根据不同的故事，可以用不同的话回应。比如：

"真好啊。"

"一定很开心吧。"

"好厉害啊。"

"这种事可不常见呀。"

不用说得太复杂，只要简单的一句话，诚实表达你的感想就好。仅仅这样，就能让对方明白你的心情。

"应和"的效果出人意料

刚才说的那种回应，与其说是在回答对方，不如说是一种"应和"。"应和"也有催促对方继续说的效果。

"原来如此，是这样啊。"

"居然是这样吗？"

"啊，我还是第一次听说。"

"真有趣啊。"

一边听对方说话，一边掺入简短的"应和"，既是在表达"我有认真听哦"，也能给对方带去安心感。

有意识地阐述感想或给予"应和"，也可以用来回应对方的回答。

另外还有个办法，就是再进一步，分享自己的故事。先讲自己的经历，然后以此为基础提问。这样更容易想出问题，也容易打动对方。

"我以前也做过营销员。"

"其实我也一度失业。"

"在公司上班时，我犯过一个大错。"

先讲自己的故事，然后提出相关问题。这与直接提问不同，可能会从对方口中引导出另一种答案。

重点："应和"时要一边听对方说话，一边用简短的语言回应。

对方的回答里必然藏着提问的线索

能否意识到对方"想进一步聊聊"的点

前面也说过，作为被采访者，如果回答了某个问题，对方却没有继续发问，心中不免会失落。想来许多人都在交流中有过类似的经历吧。

人都想谈论自己，没人会讨厌被人深入、正确地理解。因此，每个人都有表达欲，也期待被问出点什么。可是，自己明明抛出了话头，提问的人却毫无反应，这也令人沮丧。

我认为，每个人都会在谈话中留下一些关键词，暗示自己"希望就这一点被提问""想就这个问题多说几句"。一些我采访过的人会在事后给予我肯定，说"采访得很好"，想来也是因为我抓住了对方想谈论的内容，并迅速做出了反应。

如果受访者说的都是自己想说的，心情也会越来越好。这样就很可能问出意外的内容。

事实上，我自己外出采访时，比起从对方的答案里寻找下一个问题，更重视捕捉对方"想进一步聊聊的关键词"。

除非对话很快就结束，如果时间充裕，对方也会思考该进行什么样的交流。

对方也有自己的想法，想聊某些话题，或者产生某种倾诉欲。

而我只要捕捉到那些线索就行。对方想法的"碎片"一定会在对话里有所残留。因此，要擦亮眼睛、竖起耳朵，仔细寻找那些信号。

对"想聊聊的关键词"给出即时反应

自2014年开始，我每年都会举办"上阪彻的写书人学塾"，邀请一些编辑作为嘉宾，给学生们展示我采访他们的过程。

我会提出问题，再根据对方的回答继续提问。不少学生看了都很惊讶，问我怎样才能在短时间内想出那些问题。

我并不觉得这是难题。毕竟大家所属的行业相同，采访过程中，我也能大致理解他们的想法。

因为对方的回答里必然隐藏着"想进一步聊聊的关键词"，我只是在关键词的基础上做出了迅速的反应。

顺带一提，在学塾时长一个小时的采访中，我也只准备了六个抽象的问题。

○你为什么成了一名编辑

○刚入行时期

○受过的挫折、苦涩的经验

○开始变得得心应手的项目、为何能做出爆款书

○编辑/做书/写报道的有趣之处

○想对以后立志成为编辑/想做书的人说些什么

因为在对话过程中，我一定能找到对方"想聊的关键词"，所以这六个问题已经绰绰有余了。在实际采访中，我会集中精力等待那些关键词出现。只要一发现，就对此提问。

很少有人能针对一个问题滔滔不绝地讲五分钟、十分钟。我认为，交流的双方都在期待有来有往的对话，借此让沟通深化。

其实对方也想跟着你的思路走。因为让交流对象满意，自己也会开心。只要以此为前提推进对话，就一定能顺利。

重点：保持敏感，注意对方话语中残留的"想聊聊的关键词"。

下属的引导能力，上司的引导能力

采访星巴克前CEO，获得对方的肯定

我完全不会英语，但也采访过一些外国人。一般来说，是以日语提问，通过翻译人员进行采访。

给我印象较深的一位外国受访者，是星巴克实际意义上的创造者，霍华德·舒尔茨（Howard Schultz）。对方毕竟是位大人物，采访时配备的是同声传译。工作人员递给我一只耳机，翻译后的内容源源不断地从中传出。就跟电视转播里看到的情形一样。

本来以为，如果我会英语，用英文采访，能给对方更好的体验，实际看来也未必。因为我像面对日本人那样看着他以日语提问，最后的效果也很好。

霍华德·舒尔茨的采访进行得很顺利，提问与回答交互进行，结束之后，他主动与我握手，还说："你采访得很不错。希

望以后能在西雅图见面。"

当时我觉得这是句客套话，但后来我还真去了西雅图，也再次采访了他。地点在星巴克公司总部，他还向我展示了放有一郎选手①周边商品的办公室，回想起来真是不可思议。

说回那次采访，因为使用了翻译，我也突然发现了自己采访时的偏好。想起刚成为自由职业者的第三年，我去采访一位好莱坞电影导演时的事。

口译人员的翻译非常清楚明白，但我很快发现，自己的问题里包含了大量"How"（如何）。后来，连导演也好奇道："这个人怎么老在问How？"

日本人对"How"很感兴趣。随便走进一家书店，就能看到很多讲解"How"的书籍。很多杂志会出相关特辑，网站上也有相关专栏，读者群甚众。正因如此，我们也很容易受制于"How"的思维。

现实中，在上司布置任务时，下属绝不能频繁问"How"。如果一个员工总是问"要怎么做"，上司会怎么想？

公司高层人物经常提到的一点，就是员工"只图完成任务"，如果上司布置任务时，员工只知道问方法，问"How"，

---

① 一郎选手：铃木一郎，日本职业棒球选手，曾效力于美国职棒大联盟西雅图水手队。被称为"日本第一强棒"。现已退役。

可不就会变成只图完成任务吗？至于该如何改善，方法就是问"Why"。

"为什么要做这件事？"从这个问题出发，理解工作的意义，再去完成上司布置的任务。比起不问意义只求方法的人，上司应该也更青睐追求意义的人吧。注重"Why"的下属，更能令人放心。

上司不是下达命令，而是通过提问给予提示

一方面，员工"只图完成任务"的做法与上司也有关。因为上司很容易就以命令的口气吩咐下属。介绍"领导力"的书籍里都会提到，优秀的领导者之所以成功，是因为能给予下属充分的提示。要做到这点，上司必须担任好提问者的角色。

上司要懂得对下属提问，针对回答继续做引导式提问。这样就能让对方意识到工作的重点何在。如果把命令转换为提示，员工的任务就不再只是"上司交代的工作"，而变成了"自己的职责"。

如此，上司就能对下属的工作起到辅助作用。在员工心里，上司也不再是下命令的人，而是支持自己、让自己成长的人。

如果能构筑这样的上下级关系，工作中的交流也会更加圆满、顺滑。如果上司因"听不到下属的真心话""无法问出对

方真正的想法"而烦恼，也是因为双方没有构筑良好的上下级关系。

没有融洽的上下级关系为基础，所谓的引导技巧没有着力点，也不可能发挥作用。

这种关系与前面说的"比邻而坐"不尽相同，但若上司能给下属的职场前途带来附加值，下属一定会主动吐露内心想法。因为这于己是有利的。

重点：面对上司，不要问"How"，而是问"Why"。

被采访者不止一人，如何引出对话

初次见面，对谈时的化学反应

有时候，采访对象的人数不止一个，这种情况其实更方便引出好内容。因为它与1V1不同，多一个人加入，就能让对话产生奇妙的反应。

杂志或网站上经常刊登名人与有识之士的对谈报道，想必很多人都读过吧。对谈这种形式，瞄准的就是两个人之间的火花。如果只是向一个人提问，只要单独采访他/她就行。

故意设计成对谈形式，是因为多一个人会产生不同的化学反应，引出不同于1V1采访的精彩内容（当然，基于不同的策划目的，会出现不同的情形）。

我也时常受邀主持对谈。1V1的采访固然有趣，但对谈又有截然不同的妙趣。对谈双方往往会受到对方话语的激发，说出单独采访时很少吐露的内容。这实在很有意思。

近来令我印象深刻的对谈，受访者是前面也提过的赛马骑手武丰先生、CyberAgent社长藤田晋先生。这两位都因"冒险家""赌徒"气质而闻名，我便以此为主题，组织了这次对谈。

两位分别活跃于赛马界与经营界，可谓处在两个完全不同的世界，怎样把他们联系到一起，就要看采访者的技巧了。如果对谈双方跟他们一样是初次见面，采访者的技巧就显得尤为重要。

很多人以为，对谈报道就是把两个人说的话分别记录下来，但我不会这么做。如果对谈双方彼此相熟倒无妨，如果两人是初次见面，大概率不会说太多。

此外，如果对谈变成一问一答，不仅费时，整理报道也很费事。读者期待看到的不是简单的问答，而是被引导出的答案。

因此，我主持对谈时，大都会发挥自己的控场能力。由我主导提问，担任对谈者的辅助角色。例如，问完藤田先生一个问题，再问武丰先生对同一个问题的观点。

一个问题，多人挖掘

不过，一个劲儿地问对方"您怎么看"，对话还是只能停留在表面。这时，可以就对方的回答，询问另一个人的看法。比如："藤田先生，您对武先生刚才说的有什么想法吗？"

等对方回答完，又反问另一个人："武先生，您对藤田先生的说法怎么看？"像这样，轮流反复提问就行。在双方回答的过程中，还可能冒出新的问题。如此，就能让对谈双方就同一个问题不断深挖。

一个小时的对谈，我一般只准备六个问题。也就是说，一个问题会有十分钟左右的讨论。用这样的方式，我从二人口中问出了不少金句，比如"日本是赛马券卖得最好的国家""经营从不分阶段"。

除了二人对谈，我还主持过三人、四人的团体座谈会。做法也跟前面说的一样。经过这些经验的积累，我的采访辅助能力也得到了锻炼和提高，曾在大型项目中登台，做最后的总结陈词。

如果同时向多个人提问，可能会问出意想不到的内容。同事之间、上下级或前后辈之间自不必说，当受访者是夫妇、朋友、师徒等关系时，也有相应的采访方式。

我负责的月刊连载栏目，就是将两人对谈的内容分别整理成第一人称的报道，做法跟刚才说的一样。把同一个问题抛给对谈双方，就双方的答案继续提问，让对话层次逐步加深。

这种报道看起来是一个人在说话，但确实有不同于1V1采访的魅力。该栏目已经持续连载了五年，刊登了六十多篇报道。

重点：让对谈双方轮流回答同一个问题。并让双方评价对方的答案。

如何处理难以回答的问题、消极的话题

问题越难，越能让对方深入思考，给出有意义的答案

十五年前，我在某网站上负责一个采访科学家的连载栏目，接触过许多科学界杰出人士，例如，以智能机器人研究闻名的大阪大学教授石黑浩先生、获得麻省理工学院终身教职的实体用户界面（Tangible User Interface）研究者石井裕、开发了机器服（混合辅助义肢）的CYBERDYNE公司创始人及CEO山海嘉之先生，等等（后来以《我们的疯狂☆工程师主义》为题出版了实体书）。

我的大学本科就读于商学院，是彻头彻尾的文科，没学过什么理科，对相关知识也一窍不通。不过，这个以科学家为对象的采访专栏却受到许多读者的肯定。理由很简单，因为我写得通俗易懂，谁都能看明白。

接受连载任务之初，我就跟编辑确认过："这个连载面向的

不是专家吧？"如果是写给专家看的，我肯定无法胜任，因为完全不具备专家们的知识与视角。但如果是写给普通大众看的报道，就没问题了。只要按我理解的程度写就行。最后，我的报道获得了大量读者的支持，大家都说："从没读过这么好懂的科学家采访！"

也是那时候我才知道，同为理科，不同领域之间也互不相通。比如，学电力的人不懂机械，学机械的人也不懂电力。在文科出身的我看来，理科是一个囫囵的整体，但事实上，不同领域都有各自的知识体系。即使都是理科，某个领域的专家也跟文科出身的我一样，缺乏对另一个领域的知识了解。

正因如此，采访才能发挥作用。对方是真正的科学家，如果真的想问专业知识，他们随随便便就能聊很久，但我听不懂，也无法写成报道。加上读者也是普通大众。

所以在采访开始前，我都会对他们说：

"十分抱歉，我是文科出身。虽然也看了许多该领域资料，但还有很多不懂的地方。希望您稍后能用简单的语言讲解，好让我也能听懂。"

不可思议的是，真正的科学家们，往往都能用简洁易懂的语言描述复杂的问题。反过来，不懂科学的人，只能说些听上去高深莫测的话。我也从中发现了真正强者的厉害之处。

为了在我能理解的范围内不断引出对方的答案，我总是反复询问：

"如果站在您面前的，是一位不具备该领域基础知识的读者，您会如何讲解呢？"

用复杂的话解释复杂的原理，普通人是听不懂的。正因如此，我才会在采访之初恳请对方"用简单的话加以说明"。这样一来，对方基本都能讲得通俗易懂。如果事先不提出来，别人就不知道你的水平。身为采访者必须牢记，比起听不懂，不懂装懂更为致命。

遇到消极的话题，总之，先听完

对方的话复杂难解，是交流中的困难之一，与之不相上下的，就是遇到消极的话题。当你想提问时，对方突然开始陈述一段消极的往事。有时是抱怨，有时是后悔，有时是说别人坏话……

虽然这些内容对采访无益，但也尽量不要制止对方。因为那正是他们想倾诉的。

如果听到消极的内容，总之先耐心听完，否则对话难以继续。毕竟要引出好的对话很难，如果对方主动提起消极话题，想来也有原因。

这时候最应该避免的，就是对受访者的话产生情感上的抵触。如果心里觉得："这说的是什么啊""跟问题无关""好无聊啊"……这些想法会表露在你的言行举止中，并传达给对方。

消极的话题，也可看作对方在试探你。

重点：如果采访的主题复杂难懂，要在一开始就恳请对方"用通俗易懂的话来讲解"。

提问方不能喧宾夺主

引出的答案对谁有益，站在这些人的立场思考

经常有人问我："怎样才能从那个人口中问出想要的答案？"除了以诚相待，还有一点很重要。简单来说，就是"提问时不以个人视角为主"。

外出采访时，作为撰稿人的我当然想问出好内容，也以此为目标。但这不代表一定能成功。

毕竟"我"的这种想法与受访者无关。对方没理由非得回应我的期许，说出精彩的内容。

如果一心只想问出好东西，反倒有可能失败。因为对方没有义务满足你，也没必要回应你的期许。

要言之，不要摆出一副"为我而说"的样子。

那该怎么办呢，很简单，让对方觉得不是为采访者的"我"，是为别的"某个人"而说。以我为例，采访是为了写报

道，直接的对象就是读者。因此采访过程中，我会自始至终保持"为读者而问"的态度。不以自我意志为中心。

同样地，如果是销售人员，询问客户也不是为了"我"。不是"为了提高我的业绩"，而是"为了顾客的利益"。

如果是上司和下属，就从对方的角度出发。

想想引出的答案对谁有利，站在这些人的角度思考。意识到自己以外的对象的存在。

这不是在说漂亮话。如果能真正地摒弃"自我"，就能坦荡地发问。提问也不再是件难事。你不会因此而感到愧疚。

即使采访大人物，我的方针也不会改变，即忘记"自我"。不要试图彰显"自我"。这样，才能贯彻始终，"为了读者"，问出好的内容。

摒除私人情绪，更能发挥引导能力

我曾经接受杂志委托，对雀巢日本分社的前社长兼CEO高冈浩三先生进行线上采访。在此之前，我已经面对面地采访过他两次，但对方是成绩斐然的大企业家，要在线上采访他，连委托我采访的编辑也很紧张。

但我毫不在意。因为我只需提出想问的问题。那份杂志的读者都是中小企业的经营者，只要我站在他们的角度不断提问就行。

作为采访者，我想为那些受新冠肺炎疫情影响的中小企业经营者提供一些有益的信息和帮助，提示他们接下来该如何做……虽是线上采访，我的想法无疑也传达给了高冈先生。

托他的福，最后问出了精彩的内容。

离开雀巢日本的社长兼CEO的职位后，邀请高冈先生加盟的企业想来不计其数，但他却选择了自主创业，说是想给日本中小型企业注入活力。

他不想在某个特定的公司当一把手，而是想给更多公司提供建议和帮助。从这个念头出发，高冈先生创立了一家几乎只有他自己的公司。我全神贯注地听他把这些娓娓道来。

摒弃"为了自己"的想法，切换到"为了别的谁"，提问就会变成一件乐事。无论什么都能问出口，也不用再有所顾虑。摒弃私人情绪，更能发挥引导能力的作用。

重点：要明白，采访是"为了我之外的某些人"。

对福山雅治先生、役所广司先生有效的"引导式提问"

让"交流对象"意识到"读者"的存在

我为什么如此拘泥于摒弃"自我"呢？因为在我漫长的采访生涯里，有个强烈的感悟。

那就是，提问这种行为，很容易让对方产生逆反心理，觉得"我为什么非得为了你说这些"。对我来说，提问是工作，如果不问，就写不了报道。

本书中多次提到，人们容易对那些对自己抱有好奇心的人产生好感，因为对方想了解自己，而自己也确实有倾诉欲。

问题在于，不是每个人都心思单纯。假如有人心术不正，想必没人愿意回答他/她的提问。只要氛围出现异变，在场的人就会产生怀疑。

对我来说，"引出话题"既是工作，也与工作成绩直接挂钩。这种因果关系很容易让人觉得，我提问是为了自己，为了写出好的稿件，得到好的成绩。

如果受访对象觉得，我只是为了工作成绩才想方设法地提问，还会努力回应我的问题吗？

这或许只是我的偏见，但也确实常见。因此，要杜绝这种"为了我"的出发点。

解决方法之一，是让对方知道，不是"为了我"，是为其他某个人而谈。所以我经常使用"读者"这个词，不同场合也会换成其他对象。关键在于，把别的某个人作为引子。

例如，我采访福山雅治先生那天，拍摄中途的休息时间，负责该项目的编辑向大家透露，他从中学时代起就是福山先生的粉丝。我听到以后，就决定借来用用。

在之后的采访中，到了对谈的关键时刻，我对福山先生说："其实坐在旁边的项目编辑从中学时期就是您的粉丝哦。"说出这句话，意味着后面的问题不是为我，而是为这位编辑提的。

多年来一直支持自己的粉丝就在眼前，没人会不因此而开心。福山先生此刻面对的不是我，而是那位粉丝。

接下来，我问出了非常精彩的内容。之所以记得这件事，是因为我把编辑作为引子，让采访大获成功，也引导出了好的回答。

采访著名演员，把话题转向搭档演员及幕后工作者

另外，采访役所广司先生的经历也让我印象深刻。从役所先生的风貌与气场就能看出，他是个话极少的人。但在接受我的采访时，电影公司的人却说："第一次见役所先生说这么多话。"

前面也曾提到，为了电影宣传而进行的采访，提的问题往往大同小异，问题焦点都在演员身上。但越是一流的人士，越没兴趣回答跟自己有关的问题。因为已经被问过无数遍了。

有时候，他们希望大家注意的是，自己以外的某些人。因此，在参加电影试映会的采访时，除了演员本人的演技，我总是会留意那些配角和幕后工作人员付出的努力。

采访役所先生的时候也一样。我提到了电影中的某个道具，对他感叹："这种东西居然也能找到。"役所先生一听，表情立刻变了。他开始兴致勃勃地对我讲述，工作人员为了找这件道具，费了多大的功夫。

之后，役所先生又热烈谈论了电影的幕后工作人员、他们的努力与厉害之处。这也让我写出了不同于其他报道的新颖内容。

采访即将结束时，想到役所先生性格内敛、话也不多，有些问题从我的角度提问，他未必会回答，于是我特意以妻子为引子，说："役所先生是出于什么原因出演了那个魅力十足的广告

呢？我太太让我一定要问问您。"

这问题有些敏感，所以我才以妻子的存在作为缓冲，这不仅方便我提问，也方便役所先生回答。最终，他也给出了魅力十足的回答。

即使是当面难以启齿的直白问题，只要把出发点换成不在场的某个人，现场氛围就会发生极大的转变。这也是一种引导能力，请大家记下来。

重点：把别的某个人作为提问的引子，是我珍藏的方法。

"抛开工作"也有利于引出有意义的答案

凭借自己的热情获取想要的信息！

我在28岁的时候，成了一名自由职业者。一开始从事的是上班时期也熟悉的招聘广告制作。后来，与采访报道，即撰稿人相关的工作委托慢慢变多。

几年后，我幸运地获得了在周刊连载采访专栏的机会。每期篇幅是两页彩色跨页。这个连载持续了六年，后来集结成书，系列累计销售量超过40万本，成了所谓的畅销书。

书中登场的人物有企业家、运动员、作家、漫画家、大学教授、娱乐艺人、演员、音乐家等，其中不乏名人。在连载过程中，我渐渐摸索出采访的技巧，开始得心应手。因为我切实感觉到，自己能够通过提问引导出精彩内容了。

事实上，在我28岁成为自由职业者之前，作为公司员工经历了无数挫折。大学时期的求职惨败，没能进入理想的行业。只好投身于服装制造业，干了一年半就离职。接着转到招聘行业。

干了五年文案后，我感觉自己的能力已经到了极限，没有再提升的空间，于是决定再换一次工作。但接下来进入的公司，三个月就倒闭了。之所以成为自由职业者，不是我的主观意愿，而是失业后被迫走上了这条道路。

就这样，我得到了连载采访专栏的机会。虽然是招聘杂志，但专栏主题是工作选择与职场、人生经历等。简直就是我梦寐以求想要了解的内容。

在专栏里出场的，都是颇有成就的名人。我太想弄清我的20来岁与他们的20来岁有何不同了，可以说是抛开工作，为求解而提问。

因为我的工作经历不顺，所以渴望听到成功的方法，觉得读者们肯定也一样。

我在前面写过"真诚发问"的重要性，而我最初是偶然遇到了真正想了解的内容，所以提问也十分真诚。大概是这种态度发挥了重要作用。

反过来，如果有无论如何都想了解的东西，任谁都会认真面对。因此，为了锻炼引导能力，要制造一种无论如何也想了解对方的氛围。

除了沟通，也要注意行为举止

想要引出话题，尤其是为了工作引出某些答案时，有一点要坚决避免，即摆出一副为工作而来的态度。

虽然你确实是为工作而来，但这种态度会给人不好的印象，对方也不会热情回应你的提问。

如今，我也会偶尔接受采访，所以明白，当采访者抱着"只是为了工作"的态度出现，受访者立刻就能察觉。也许采访者本人不是故意的，但就像我前面说的，情绪这种东西，会通过态度和表情呈现出来。

明明对方留下了"想进一步聊聊的关键词"，你却毫无反应。对方在说话，你却连眼睛都不抬一下，表情也没有任何变化。

相反，如果采访者真的对受访者深感兴趣，也会从举止言行中流露出来。

还有一点很重要，你的交流对象，会留意你对周围人的态度。

通过观察你对周围工作人员、下属采取什么样的态度，也能知道你是否值得信任。

如果只知对受访者、负责人谄媚，而对其他人爱搭不理，就会给人留下极差的印象。因此，不要忘记对周围的人给予尊重和礼貌。因为对方的观察细致程度超乎你的想象。

重点： "我只是为了工作来采访"的态度会让对方失望。

创造良好的沟通氛围，引出有意义的对话

采访松平健先生时，如何提出难以启齿的问题

一方面，不能让受访者以为你采访是为了你自己。另一方面，即便是为了自己，也要认真地发问。这看似有些矛盾，但总结起来就是，努力创造让对方能畅所欲言的环境。

还有，不能勉强对方。要让对方明白，你不会强人所难。

我刚开始从事这份工作时，面对采访对象，想问出成功方法的意愿无比强烈，但我也没有勉强对方回答刁钻的问题，只是在可能的范围内，尽可能地问出有用的信息。

也许有的记者并不在意受访者的立场和心情，不管什么都直言不讳地问，但我绝不会那样做。理由很简单，如果接受采访的是我，我肯定不喜欢这种提问方式。

如果接受采访的是我，一定也希望采访者照顾我的情绪。遇到待人真诚的记者，我也会对他知无不言，言无不尽。

即使做到上面这些，有时也不得不问一些难以启齿、对方不想回答的问题。比如失去重要之人的事、离婚或跟家人有关的事、讨厌的往事或感到愤怒的事……

虽然不想问，但不问就不能深入理解对方，因此必须发问。现实中确实有过这样的例子。

在我的记忆里，采访松平健先生就是一例。近来，松平先生因"松健森巴[①]"而广为人知，但他原本是位时代剧[②]演员。长期扮演德川吉宗将军。可以想见，他本人气场极强。

虽然我很期待那次采访，但因为编辑不能同行，却丢给我一个必须问的问题。这问题相当敏感，很可能会影响对方的情绪。

我在提出难以启齿的问题前，都会加上一句"非常抱歉，但我接下来的问题可能不太好回答"。这句话是为了让对方明白，我并非故意为难他/她。但当时的问题，尺度比这还要大。

究竟什么时候问最好呢，我烦恼了很久。在采访后半段，终于找到了合适的机会，做好铺垫，紧接着提出了问题。

"非常抱歉，其实是编辑部让我一定要问您这个问题。之前

---

① 松健森巴：松平健演唱的系列歌曲，他和一群舞者穿着时代剧服装在舞台上边唱边跳。

② 时代剧：一般指以日本平安时代到明治维新之间的时代为背景的电影、电视剧。狭义地讲，就是历史剧、古装剧。

有杂志报道写过……这样的事，引起了广泛的讨论……"

就这样，初次见面的松平先生非常真挚地回答了我的问题。虽然我当时有些惶恐，害怕他生气，但他不仅没生气，反倒笑着回答了。

通过日常对话锻炼引导能力

关于这位松平先生的采访，有个非常有趣的故事。松平先生通过试镜获得了将军这个角色之后，他的师父胜新太郎对他提出建议：从明天开始，你别去便宜的小酒馆喝酒了。要去最高级的餐厅和俱乐部。

这个建议是在告诉他，日常生活中习得的东西会在各个方面呈现出来。既然要演将军，日常就要过将军的生活。松平先生恪守此言，让本该短期内结束的电视节目持续播出了二十多年。

松平先生的趣闻也证明，台上一分钟，台下十年功。日常经验总会表露在你的行为中，所以要从日常做起，不要等到真正上场才努力。

说话也一样。日常生活里张口就来、随心所欲、不懂尊重他人的人，到了正式采访也不可能表现得好。这种人是不可能从受访者口中问出好内容的。

引导能力的秘诀，就潜藏在极其普通的日常对话里。从平时就开始积累的人，到了正式场合也能稳定发挥。

重点：难以启齿的问题，要在提问前先铺垫一句"接下来的问题可能不好回答"。

营造出"真高兴能与你聊天"的氛围

如果对方能充分融入环境，自然能顺利问出有意义的内容

使用引导能力时，最重要也最容易忘记的一点就是，享受这次谈话，用积极的心态提问。

我采访时也一样。如果一门心思想问出某个问题的答案，提问不留余地，最后会被问题绑架，无法享受整个对话。

事实上，我作为受访者，就有过类似的体验。前面也说过，我自己就是以采访为业的人，所以别人采访我，多少会有难度。

一些记者会早有准备地提出各种精练的问题，整个谈话也很顺利，但有时候，对方只顾提问，会让我无法享受对话和沟通的乐趣。这时我就会疑心，"不要紧吧""能说吗""这样说会不会有问题"。

前面写过，刚成为自由职业者时，我提问非常认真，所以每次采访对我都是享受。

正因为渴望了解那些成功人士的秘诀，采访他们才让我欢欣鼓舞。我把这种情绪很直接地表现了出来。

想必正是因为我提问的态度积极，当对方的回答触动我时，我的笑容也情不自禁地浮上脸颊。

说到底，能亲眼见到这些大人物，还能对他们提问，本身就是极其幸运的事。

"为什么会这样？""怎么意识到了那个问题？""觉得有趣在哪里？"……如果有想进一步询问的细节，就再接再厉，继续深挖。

受访者能够正面回答我的提问，也让我再次感叹，一流人士果然都很厉害。他们都有自己的想法和观点，也能通过语言清晰地表达。

活用五感，引出对话

在我以前的采访里，有过这样的事。当时，我们顺着话题不知不觉聊到了"接受采访这件事"，这时，一位企业家说：

"采访，就像体育竞技里的冠军发言。能站上领奖台的人肯定有值得一提的付出，足以应付冠军发言。也是因此才获得了胜利。

"另一方面，有的人明明付出不够、能力不足，却意外站上了领奖台，即便接受冠军采访也会无话可说。"

他说："如果想成功，就时常扪心自问，有没有能力站上领奖台接受冠军采访。"这个回答颇具洞察力，也不失为一个有趣的建议。

受访者在采访里说出这样的话，是令人开心的。我自己也吓了一跳，觉得他的话能点醒很多人。不出所料，报道一出来，就引起了读者的热烈讨论。

之所以能问出这些内容，也是因为"接受采访这件事"并非我事前准备的问题，而是在有来有往的交流中顺势想到的。因此，我也乐在其中，顺水推舟地提出了这个问题。

说到底，你是否享受一场对话，表情是无聊还是快乐，与你交流的人都能感受得到，面对不同的态度，他们也会以截然不同的方式应对。

如果对方说话时，你双眼有神、兴致盎然，他/她也一定会因此高兴，并且不由自主地想对你多倾吐一些。

这个逻辑很简单，但也意外地容易被忘记。尤其是目的性太强，太想问出什么的时候，很容易把这个重要的经验抛诸脑后。

只要灵活调动你的五感，持续传达你的关注和兴趣，一定能从对方口中问出难得的内容。

重点：想一想，怎样才能让对方愉快地谈论。

后记

前面写过，我的工作是把别人说的话写成文章，但最近十年，工作重心变成了写书。

除了接受编辑约稿写自己的书，还协助其他作者写了很多书。

有的人虽有能成书的内容，但因为太忙而无暇书写，或是写不了太长的文章。协助这些作者写作之前，我会通过长时间的采访，听他们阐述书的内容，然后将其归纳为一本书。

事实上，很多商务书籍、实用书籍，都是用这种方式写出来的。因为业务繁忙的企业家、创业者很难腾出足够的时间，来完成写书这件耗费能量的事。一些懂得生活、拥有小技能、小诀窍的人，也未必具备撰稿的能力。

因此，采访他们，协助他们书写的工作由此诞生，并将大量书籍送进了图书市场。

曾经，这份工作被称为"枪手"（Ghost Writer），这叫法并不合适。毕竟"枪手"是在代替作者本人进行"创作"。

在编辑的支持下，我把从事这项工作的人称为"写书人"（Book Writer），并出版了《职业，写书人》（讲谈社）一书。

如今，这个名称以出版界为中心，得到了比较广泛的使用，成了一种职业名称。因为是种新职业，不少人表示"想试一试"。

或许有读者会质疑："什么，那本书居然不是作者本人写的？"其实，除了小说和随笔，一本书最重要的是里面的文章，是内容，亦即文字传达的内涵与要点。

如果目标是把内容提供给读者，"谁写的"就不是那么重要了。举例而言，一本书虽然是作者本人书写，但很难看懂；一本书虽不是作者亲自提笔，却十分易读。二者相比，哪个对读者更有用呢？

我常常以书籍装帧举例。亲自设计图书装帧的作者屈指可数。因为作者往往不懂设计，所以要委托设计师负责。同样，如果作者没有写作文章的技能，委托给专业的写书人，效率反倒更高。

如果只有作者本人才能写书，很多书就没机会出现在读者眼前了。如果拘泥于"作者是谁"，有些对读者有益、能拯救世人的书就无法出版了。试想，哪种情况造成的损失更大呢？

不过，读者也可以想见，要从作者口中问出足以成书的内容并不容易。需要花费漫长的时间，不断引出吸引人的内容，将其组织进文本。

因此，只有写文章的技巧，也当不了写书人。因为写书这件事需要高超的引导能力。

我的"引导"经历起始于杂志的采访，又通过写书的工作得到锻炼，最终凝结成你眼前这本书。对此，我感到十分幸运，且充满感激。

最后，想要感谢河出书房新社的高木丽子、出版制作人神原博之，执笔过程中，曾受到二位的帮助。

交流不是仅靠说话能力、传达能力就能成立的。拥有倾听能力、提问能力、引导能力，才能理解对方，满足对方的需求。希望本书能帮助您实现良好的交流。

2021年7月
上阪彻

在喧嚣的世界里，
坚持以匠人心态认认真真打磨每一本书，
坚持为读者提供
有用、有趣、有品位、有价值的阅读。
愿我们在阅读中相知相遇，在阅读中成长蜕变！

好读，只为优质阅读。

引导式提问

策划出品：好读文化　　　　监　　制：姚常伟

责任编辑：梁祖云　　　　　产品经理：姜晴川

特邀编辑：郄梦妮　　　　　内文制作：鸣阅空间

图书在版编目（CIP）数据

引导式提问 /（日）上阪彻著；熊韵译 . —成都：
四川文艺出版社，2023.8

ISBN 978-7-5411-6607-5

Ⅰ . ①引… Ⅱ . ①上… ②熊… Ⅲ . ①语言艺术—通
俗读物 Ⅳ . ① H019-49

中国国家版本馆 CIP 数据核字（2023）第 043778 号

Original Japanese title: HIKIDASU CHIKARA
Copyright © Toru Uesaka 2021
Original Japanese edition published by KAWADE SHOBO SHINSHA Ltd. Publishers
Simplified Chinese translation rights arranged with KAWADE SHOBO SHINSHA Ltd. Publishers
through The English Agency (Japan) Ltd. and Shanghai To-Asia Culture Co., Ltd.

著作权合同登记号：图进字 21-2022-406 号

YINDAOSHI TIWEN

引导式提问

[日] 上阪彻　著　　熊韵　译

出 品 人　谭清洁
策划出品　好读文化
责任编辑　梁祖云
产品经理　姜晴川
责任校对　段　敏

出版发行　四川文艺出版社（成都市锦江区三色路 238 号）
网　　址　www.scwys.com
电　　话　028-86361781（编辑部）

印　　刷　三河市中晟雅豪印务有限公司
成品尺寸　145mm×210mm　　开　本　32 开
印　　张　7　　　　　　　　字　数　100 千
版　　次　2023 年 8 月第一版　印　次　2023 年 8 月第一次印刷
书　　号　ISBN 978-7-5411-6607-5
定　　价　45.00 元